KB059278

성과로 말하는 사람들

성과로 말하는 사람들

최고의 퍼포먼스는
어떻게 만들어지는가

안데르스 에릭손, 제임스 클리어 외 지음

신예용 옮김

성장의 모멘텀 시리즈

1

ON HIGH
PERFORMANCE

세종

일러두기

1. 이 책은 〈하버드 비즈니스 리뷰〉에서 반드시 읽어야 하는 아티클만을 골라 뽑은 것입니다.

2. 신문 및 잡지 등 매체는 〈〉, 단행본은 《》로 표기했으며, 단행본은 원서의 제목을 병기하고 출판사와 출간한 연도를 함께 표시했습니다. 여러 번 개정된 도서는 최신 개정 제목에 따랐으며, 국내에 출간되지 않은 도서는 출간연도를 표시했습니다.

3. 인명은 국립국어원의 표기 원칙에 따랐으며, 이미 통용되는 표기가 있을 경우 그에 따랐습니다.

4. 저자의 상세한 이력은 각 아티클의 끝에서 확인하실 수 있습니다.

ON HIGH PERFORMANCE
높은 성과를 내는 방법에 대하여

자신의 자리에서 어느 정도의 퍼포먼스를 내고 있지만 그보다 더 잘해내고 싶은 사람, 프로페셔널하게 일하고 분명한 결과를 내는 방법을 알고 싶은 사람, 좋은 성과를 내기 위해 인간관계와 리더십 역량을 더 발전시키고자 하는 사람들에게 이 책을 바칩니다.

차례

하루 2시간의 연습이 전문가를 만든다

안데르스 에릭슨, 마이클 프리툴라, 에드워드 코클리

헝가리의 교육자 폴가르 라슬로Polgár László와 폴가르 클라라Pol-
gár Klara는 체스처럼 공간적 사고가 필요한 분야에서 여성이 성
공할 수 없다는 통념에 도전했다. 교육의 힘을 보여줄 생각이었
다. 둘은 세 딸을 집에서 가르치면서 함께 체스를 두었다. 폴가
르 부부의 체계적인 훈련과 매일 한결같은 연습 덕분에 세 딸은
모두 세계 10대 여성 체스 선수로 성장했다. 1991년에 막내 유
디트는 15세에 그랜드 마스터가 되어 그동안 보비 피셔가 보유
하고 있던 최연소 타이틀을 한 달이나 앞당겼다.

유디트는 2014년 은퇴를 선언하기 전까지 여성 체스 선수로
는 세계 1위였으며, 당시에도 세계 랭킹 8위를 유지했다.

전문 분야의 성과가 성별에 따라 달라진다는 가정이 무너진 사례는 비단 이뿐만이 아니다. 1985년 시카고대학교의 교육학 교수인 벤저민 블룸Benjamin Bloom은 재능에 영향을 미치는 핵심 요소를 조사한 내용을 담은 저서《청소년들의 재능 개발Developing Talent in Young People》(1985)을 출간했다. 그는 이 책에서 음악, 미술, 수학, 신경학 등 다양한 분야에 걸쳐 국제 대회에서 승리하거나 국제적인 상을 수상한 인물 120명을 뽑아 어린 시절을 분석했다. 놀랍게도 블룸의 연구 결과에서는 대가들의 성공을 예측할 수 있는 초기 지표가 발견되지 않았다. 체스, 음악, 스포츠, 의학 등에서 IQ와 전문적인 성과 사이에 상관관계가 없다는 후속 연구 역시 이 연구 결과를 뒷받침했다. 중요하다고 밝혀진 유일한 선천적 차이는 주로 스포츠에서 중요한 역할을 하는 키와 신체 치수뿐이었다.

그렇다면 성공과 상관관계가 있는 지표는 무엇일까? 블룸은 연구를 통해 성공에 꼭 필요한 조건을 찾아냈다. 그의 연구 대상인 뛰어난 성과자들은 모두 집중적으로 연습하고, 헌신적인 선생님과 함께 공부했으며, 성장기 내내 가족들의 열렬한 지원을 받았다. 블룸의 선구적인 연구를 기반으로 한 후속 연구에서도 연습의 질과 양이 사람들이 성취한 전문적인 수준의 핵심 요소라는 사실이 밝혀졌다. 다시 말해 전문가는 타고나지 않고 만들어진다. 이 결론은 과학적 방법으로 탁월한 성과를 조사한 연구를 기반으로 한다. 블룸 이후에 이루어진 대다수 연구는 케임브리지대학교 출판부에서 발간하고 안데르스 에릭손이 편집한 《전문성과 전문가 성과에 대한 케임브리지 핸드북The Cambridge Handbook of Expertise and Expert Performance》(2006)에 정리되어 있다. 900페이지가 넘는 이 핸드북에는 의료 수술과 연기, 체스, 글쓰기, 컴퓨터 프로그래밍, 발레, 음악, 항공, 소방 등 다양한 분야에서 전문성 및 최고의 성과를 연구한 100명 이상의 선구적인 과학자들의 기고문이 포함되어 있다.

뛰어난 성과를 내기 위해 노력하는 과정은 마음이 약하거나 조급한 사람에게는 잘 맞지 않는다. 전문성을 개발하려면 정직하고 때로는 고통스럽기까지 한 자기 평가가 필요하다. 지름길은 없다. 전문성을 갖추려면 최소 10년이 걸리는데, 그나마도 시간을 현명하게 안배했을 때의 일이다. 즉 현재의 역량을 넘어서는 작업을 통해 '의도적인' 연습을 하면서 10년 넘는 시간을 현명하게 투자해야 한다. 이를 위해서는 자기 자신을 올바르게 이끄는 방법을 알려줄 코치가 필요하다. 최고의 성과를 달성하기 위한 전문성을 갖추는 과정에 과학적인 접근 방식은 필요 없다고 생각하기 쉽지만 이는 큰 착각이다. 천재성에 대한 미신이 이런 착각을 만들어낸다. 이제 그 미신을 깨뜨릴 때다.

와인 한 잔과 함께 본격적인 이야기를 시작해보자.

전문가란 어떤 사람일까?

1976년에 '파리의 심판Judgment of Paris'이라는 행사가 열렸다. 영국인이 소유한 파리의 와인 숍에서 프랑스 와인 전문가 9명이 와인을 평가하는 블라인드 시음회를 개최했는데, 시음 대상은 프랑스와 캘리포니아에서 생산된 화이트와인과 레드와인 각 10가지였다. 이 시음회의 결과로 와인 업계는 큰 충격에 휩싸였다. 캘리포니아산 와인이 심사위원들로부터 가장 높은 점수를 받았기 때문이다. 더욱 놀라운 사실은 시음하는 동안 전문가들이 미국산 와인을 프랑스산 와인으로 착각하거나, 그 반대의 경우도 있었다는 점이다.

그날 사람들이 굳게 믿고 있던 두 가지 신화가 깨졌다. 첫 번째는 지금까지 의심할 여지가 없던, 프랑스산 와인이 미국산 와인에 비해 우월하다는 신화였다. 더욱 획기적이고 흥미로운 부분은, 심사위원들이 와인에 대해 우수한 지식을 갖추고 있다는 또 다른 신화가 깨졌다는 사실이다. 와인 전문가라고 주장하던 사람들은 블라인드 테스트에서 평범한 와인 애호가보다 와인을 더 정확하게 구별하지 못했다. 이는 이후 실험실 테스트를 통해서도 확인됐다.

여러 연구에 따르면 다른 많은 분야에서도 전문성이 더 우수한 성과로 이어진다는 주장에는 과학적 증거가 없다는 사실이 밝혀졌다. 한 연구에서는 임의로 배정된 환자를 치료할 때 석박사 학위를 따고 수십 년간 경력을 쌓은 심리치료사가 고작 3개월 교육받은 초보 치료사보다 더 뛰어나지도 않다는 결과가 나왔다. 심지어 경력이 쌓일수록 전문성이 떨어지는 것처럼 보이는 사례도 있었다. 예를 들어, 의사들은 수련을 그만둔 시기가 오래될수록 폐나 심장의 특이한 질병을 식별하는 능력이 떨어졌다. 이런 질병을 아주 드물게 접하기 때문에 질병의 특성을 금방 잊어버리고 진단하는 데 어려움을 겪는 것이다. 이들은 재교육 과정을 거친 후에야 제대로 된 성과를 냈다.

그렇다면 어떤 사람이 진정한 전문가인지 어떻게 알 수 있을까? 진정한 전문가는 3가지 테스트를 통과해야 한다. 첫째, 동료보다 지속적으로 우수한 성과를 거두어야 한다. 둘째, 구체적인 결과를 내야 한다. 뇌외과 의사는 메스를 능숙하게 다룰 뿐 아니라 환자에게서도 성공적인 결과를 얻어야 하고, 체스 선수는 토너먼트 경기에서 승리할 수 있어야 한다. 마지막으로, 진정한 전문성은 실험실에서 재현하고 측정할 수 있어야 한다. 영국의 과학자 켈빈 경Lord Kelvin은 "측정할 수 없으면 개선할 수도 없다"라고 말했다.

스포츠 같은 분야의 기술은 측정하기 쉽다. 대회가 표준화되어 모든 사람이 비슷한 환경에서 경쟁하므로 참여자 모두의 출발선과 결승선이 같고 누가 1등을 했는지 누구나 알 수 있다. 표

전문성을 판단할 때 주의사항

전문성에 대한 개개인의 설명은 신뢰할 수 없는 경우가 많다

개인적인 경험이나 선택적 회상, 어쩌다 한 번 발생하는 상황에서는 불충분하고 오해의 소지가 다분한 사례가 나타날 수 있다. 잘못된 기억과 자기 중심적인 편견, 현재의 신념이나 시간의 흐름에 따라 기억이 어떻게 변질되는지를 밝힌 연구도 많다. 보고는 연구와 다르다.

스스로 전문성이 있다고 착각하는 사람이 많다

진정한 전문성은 측정 가능하며 꾸준하고 우수한 성과를 통해 입증된다. 전문가라고 자처하는 일부 사람들은 자신이 오류를 범한 이유를 설명하는 데만 능하다. 블라인드 시음에서 캘리포니아산 와인이 프랑스산 와인을 앞섰던 1976년 파리의 심판 이후, 프랑스 와인 '전문가'들은 그 결과가 오류이며 캘리포니아산 레드와인은 유명한 프랑스산 레드와인만큼 잘 숙성되지 않는다고 주장했다(2006년에 시음회가 재연됐고 캘리포니아산 와인이 다시 1위를 차지했다). 블라인드 시음회가 아니었다면 프랑스 와인 전문가들은 미국 와인의 품질이 더 뛰어나다는 사실을 납득하지 못했을 것이다.

직관이 우리를 잘못된 길로 인도하기도 한다

사람들은 대체로 긴장을 풀고 '직감을 믿으면' 성과를 높일 수 있다고 생각한다. 일상적이고 익숙한 상황에서는 직감이 유용하지만, 정보에 근거한 직관은 의도적인 연습의 결과다. 상당한 수준의 연습과 성찰, 분석 없이는 의사결정 능력(또는 직관)을 지속해서 향상할 수 없다.

다른 새로운 방법은 필요하지 않다

골프 선수가 더 좋은 골프채(클럽)를 사용하면 타수를 줄일 수 있다고 생각하듯이, 많은 이들이 새롭고 더 나은 방법을 사용하여 갑자기 실력이 향상되기를 바란다. 그러나 골프채를 바꾸면 오히려 샷에 변동이 생겨 경기에 방해가 되기도 한다. 전문성을 키우는 데는 지속성과 신중하게 제어된 노력이 더 중요하다.

전문성은 지식 아카이브에서 나오지 않는다

지식 아카이브는 정작 지식을 다루지 않는다. 지식 아카이브는 사람들이 문제를 해결하거나 의사결정을 할 때 참고하는 이미지와 문서, 루틴의 저장소일 뿐이다. 진정한 전문 지식을 얻는 데 지름길이란 없다.

준화로 인해 선수 개인 간의 비교가 가능해졌기 때문이다. 사업 분야에서도 이와 같은 비교가 가능하다. 예를 들어, 월마트의 창립자 샘 월튼Sam Walton은 매장 매니저들끼리 경쟁하게 해 수익성이 가장 높은 매장을 파악했다. 노드스트롬 의류 체인의 각 매장은 시간당 판매량을 기준으로 직원의 순위를 게시한다.

그렇지만 완수하기까지 수개월에서 수년씩 걸리고 사람이 수십 명씩 참여하는 프로젝트에서는 성과를 측정하기가 쉽지 않다. 이와 마찬가지로 비즈니스 전문성도 평가하기 어렵다. 대부분의 비즈니스 과제는 매우 복잡한데다 회사마다의 차이점과 여러 상황을 고려해야 하므로 성과를 비교하기 힘들기 때문이다. 그렇다고 손 놓고 성과 측정을 포기해야 한다는 말은 아니다. 이런 문제를 해결하는 방법론 중 하나로 대표적인 상황을 설정하여 실험실에서 재현해보는 방법이 있다. 예를 들어, 응급실

간호사에게 응급 환자의 생명이 위험한 상황 시나리오를 제시한 다음, 실험실에서 나타난 간호사들의 반응과 실제 현장의 결과를 비교하는 것이다. 의학과 체스, 스포츠 분야의 시뮬레이션 성과는 수술 성공 여부나 승리 기록 같은 전문적인 성과를 객관적으로 측정한 결과와 밀접한 상관관계가 있다.

미술이나 글쓰기 같은 창의적인 직업을 위한 테스트 방법론도 고안할 수 있다. 시각 예술가들에게 동일한 사물을 그리게 한 다음 각 시각 예술가 간의 차이를 분석한 연구가 대표적이다. 예술가의 신원을 숨긴 채 미술 심사위원들이 그림을 평가한 결과, 그림의 기술적 측면에서 예술가의 숙련도 평가가 명확하게 일치했다. 다른 연구진은 심사위원의 도움 없이 예술가들의 지각 능력을 측정하기 위한 방법을 설계하기도 했다.

의도적으로 연습하라

수년 또는 수십 년 간 매일 연습해야 비로소 탁월한 성과를 낼 수 있다고 생각하는 사람이 많다. 그러나 동굴에 살았다고 지질학자가 되지 않듯, 연습한다고 완벽해지지도 않는다. 전문성을 개발하려면 특별한 종류의 훈련, 즉 의도적인 연습이 필요하다. 대부분의 사람은 연습할 때 자신이 이미 알고 있는 방법에 집중한다. 하지만 의도적인 연습은 다르다. 의도적인 연습에는 자신이 잘하지 못하거나 전혀 할 수 없는 일을 해내기 위한 상당량의 구체적이고 지속적인 노력이 따른다. 여러 영역에 걸친 연구에 따르면 자신이 할 수 없는 일을 해내야만 전문가가 될 수 있다.

골프를 처음 배우는 상황을 가정해보자. 초기 단계에서는 기본 스트로크를 이해하고 공을 다른 선수에게 보내는 것 같은 큰 실수를 피하는 데 집중한다. 퍼팅 그린(퍼팅을 위해 잔디를 짧게 깎아 정비한 구역-옮긴이)에서 연습하고, 골프 연습장에서 공을 치고, 자신과 비슷한 초보자들과 라운딩하기도 한다. 그러면 50시간 정도의 놀랍도록 짧은 시간에 더 나은 컨트롤 방법을 익히면서 실력이 는다. 그다음부터는 더 많은 공을 치고 퍼팅하고 더 많은 경기에 참여하면서 기술을 연마해서 기계적으로 스트로크를 한다. 각 샷에 대해서는 덜 생각하고 직관에 따라 경기하는 것이다. 그러다 보면 골프 경기는 아주 가끔만 샷에 집중하는 사교적인 외출이 된다. 이 시점부터는 코스에서 더 많은 시간을 보낸다고 실력이 향상되지 않으며, 수십 년 동안 같은 수준에 머물기도 한다.

왜 이런 현상이 발생할까? 골프 경기에서는 주어진 위치에서 샷을 할 수 있는 기회가 단 1번뿐이기 때문에 실력이 향상되지 않는다. 그래서 어떻게 하면 실수를 바로잡을 수 있는지 알 도리가 없다. 만약 코스의 같은 위치에서 5번, 10번씩 샷을 할 수 있다면, 기술에 대한 피드백을 더 많이 받고 경기 스타일을 조정하여 컨트롤을 개선할 수 있다. 실제로 프로 골퍼들은 훈련할 때나 대회 전 코스를 점검할 때 같은 위치에서 여러 번 샷을 한다.

이와 같은 의도적인 연습은 비즈니스 전문성 개발에도 적용할 수 있다. 대표적인 예로 경영대학원에서 가르치는 사례 연구법을 들 수 있는데, 이 연구법에서는 학생들에게 직접 행동해야 하는 실제 상황을 제시한다. 각 상황의 최종 결과를 알 수 있기 때문에 학생들은 자신이 제안한 솔루션의 장점을 즉시 판단할 수 있다. 이런 방식으로 학생들은 일주일에 10~20회 정도 의사 결정을 연습한다. 사관학교의 전쟁 게임에도 비슷한 훈련이 있다. 장교들은 모의 전투에서 훈련생들의 반응을 분석하고 즉각적으로 평가한다. 모의 군사 작전에서 훈련생은 의도적인 연습을 통해 미지의 영역을 탐험하며 기술을 갈고 닦는다.

의도적인 연습이 전문성 향상에 어떻게 도움이 되는지 리더십을 예시로 살펴보자. 리더십의 핵심 요소는 카리스마라는 말을 들어보았을 것이다. 이는 사실이다. 리더가 되기 위해서는 종종 부하직원이나 동료 또는 이사회 앞에 서서 사람들을 설득해야 한다. 특히 위기 상황에서는 더욱 그렇다. 그런데 놀랍도록 많은 이들이 카리스마는 타고나는 것이며 배울 수 없다고 생각한다.

하지만 감독과 코치의 도움을 받아 연기 연습을 하면 시간이

지남에 따라 훨씬 더 카리스마 있는 모습을 갖출 수 있다. 실제로 유명한 연기 학교와 협력해 조직의 리더와 관리자의 매력 및 설득력을 높이기 위한 연기 연습을 개발해본 결과, 이 연습을 거친 관리자들은 눈에 띄게 향상된 모습을 보였다. 그러므로 카리스마도 배울 수 있다. 20세기를 통틀어 가장 카리스마 넘치는 인물로 꼽히는 윈스턴 처칠Winston Churchill도 거울 앞에서 웅변 연습을 했다.

진정한 전문가는 연습뿐만 아니라, 생각도 의도적으로 한다. 골프 선수 벤 호건Ben Hogan은 다음과 같이 설명했다. "저는 연습하는 동안 집중력을 키우기 위해 노력합니다. 절대로 그냥 걸어가서 공을 치지 않습니다." 호건은 공을 어디로 보낼지, 어떻게 칠지 미리 결정한다. 이런 사고 과정을 추적한 연구도 있다. 전문가에게 시나리오를 제시하고 시나리오에 따라 진행하면서 자신의 생각을 큰 소리로 말하도록 요청한 것이다. 예를 들어 체스 선수라면 5~10분 동안 다음 수를 두기 위해 모든 가능성을 탐색하고, 각 수의 결과를 미리 생각하며, 그다음에 이어질 일련의 수를 계획하는 과정을 설명할 것이다. 예상한 대로 흐름이 전개되지 않을 경우, 전문적인 선수는 기존의 분석으로 되돌아가 어디가 잘못됐는지, 오류를 피하는 방법은 무엇인지 평가하는 모습을 보였다. 전문가들은 이처럼 자신의 약점을 바로잡기 위해 부단히 노력한다.

ON HIGH PERFORMANCE

의도적인 연습에는 두 가지 종류의 학습이 포함된다. 첫 번째는 이미 자신에게 있는 기술을 향상하는 학습, 두 번째는 기술의 범위 및 규모를 확장하는 학습이다. 이 작업을 수행하는 데 엄청난 집중력이 필요하기 때문에 연습에 할애하는 시간은 자연히 한정될 수밖에 없다. 세계적인 바이올리니스트 나탄 밀스타인Nathan Milstein은 이렇게 썼다.

제대로 집중할 수 있을 만큼만 연습하라. 주변 사람들이 하루 종일 연습하는 모습을 보고 조급해져서 멘토인 아우어 교수님께 얼마나 연습해야 좋을지 여쭤본 적이 있다. 그러자 교수님은 이렇게 말씀하셨다. '얼마나 오래 연습하는지는 중요하지 않다. 손가락으로 연습하면 아무리 연습해도 충분치 않다. 하지만 머릿속으로 연습한다면 2시간이면 충분하다.'

흥미롭게도 운동선수, 소설가, 음악가 등 다양한 분야를 통틀어 살펴보아도 한 번에 4~5시간 이상 집중해서 연습할 수 있는 사람은 극히 드물다. 실제로 전문 교사나 과학자들은 새로운 아이디어에 대한 글쓰기 등 가장 까다로운 정신적 활동에 하루에 단 2시간, 주로 아침 시간을 할애한다. 비교적 짧은 시간을 투자하는 것처럼 보일 수도 있지만, 하루에 2시간은 대다수 조직의 임원 및 관리자들이 자기계발에 투자하는 시간보다 길다. 대신

이들은 회의와 일상적인 업무에 대부분의 시간을 소비한다. 그리고 이 차이는 연간 약 700시간, 10년이면 약 7,000시간에 달한다. 하루에 2시간만 집중적으로 연습에 투자한다면 어떤 일을 성취할 수 있을지 생각해보자.

그러나 연습에는 금방 소홀해지기 마련이기에, 높은 성과를 내는 전문가들은 특정 상황에 습관적으로 대응하고 직관에만 의존하게 될 수도 있다. 그래서 평범하지 않거나 드문 사례를 처리할 때 어려움을 겪는데, 이는 상황을 분석하고 올바르게 대응하는 능력을 상실했기 때문이다. 물론 당사자는 이 끔찍한 직관 편향을 잘 깨닫지 못한다. 그로 인해 상황이 악화되는 등 문제가 발생하기 전까지는 별다른 불편함이나 불이익을 느끼지 못하기 때문이다. 특히 경험이 많은 노련한 전문가일수록 이런 함정에 빠지기 쉽지만, 그렇다고 함정을 피할 방법이 없지는 않다. 연구에 따르면 60세를 넘긴 음악가라도 일주일에 10시간 정도 의도적으로 훈련을 계속할 경우 낯선 곡을 연주하는 능력면에서 20세 전후 전문 음악가의 속도와 기술력을 따라잡을 수 있었다.

기존의 성취 영역에서 벗어나는 훈련에는 상당한 동기 부여와 희생이 필요하지만, 이는 반드시 필요한 일이다. 골프 챔피언 샘 스니드Sam Snead는 이렇게 말한 적이 있다. "이미 잘하는 일만 연습하려 하는 것은 인간의 본능이다. 훨씬 덜 힘들고 훨씬 더 재미있기 때문이다." 의도적인 훈련은 원하는 목표, 즉 자신의 분야에서 최고가 되는 데 가장 효과적인 수단이다. 그래야 탁월해질 수 있다. 2002년에 사망한 스니드는 PGA 투어 대회 최다 우승 기록을 보유하고 있으며, 아름다운 스윙을 구사하기로 유명하다. 그가 성공한 비결이 바로 의도적인 연습이다. 그는 이렇게 말했다. "연습은 근육에 두뇌가 생기게 한다."

필요한 만큼 시간을 투자하라

전문가가 되기 위해서는 시간이 필요하다. 연구에 따르면 아무리 재능이 뛰어난 연주자라도 국제 대회에서 우승하기까지는 10년(또는 1만 시간)의 강도 높은 훈련과 연습이 필요하다고 한다. 어떤 분야에서는 훈련 기간이 더 길어지기도 한다. 대부분의 탁월한 음악가들은 국제적인 수준의 성공을 거두기까지 평균 15~25년 동안 꾸준히 연습한다.

역사적으로 어린 나이에 국제적인 수준의 전문성을 갖춘 사람들의 사례가 있기는 하지만, 19세기부터 20세기 초에 걸쳐 사람들이 더 빨리 세계적 수준에 도달할 수 있었던 것도 사실이다. 그 이후로 대부분의 분야에서 성과의 기준이 꾸준히 상승했다. 예를 들어, 오늘날에는 아마추어 마라톤 선수나 고등학교 수영 선수들이 20세기 초 올림픽 금메달리스트의 기록을 뛰어넘는 경우가 잦다. 또한 경쟁이 점점 더 치열해지면서 10년의 법칙을 깨기가 불가능에 가까워졌다. 예외적으로 보비 피셔는 단 9년 만에 체스 그랜드 마스터가 됐지만, 이는 그가 매년 연습에 더 많은 시간을 투자했기 때문일 가능성이 높다.

대부분의 사람들은 전문가가 되기까지 얼마나 오랜 시간이 걸리는지 잘 모른다. 레오 톨스토이는 사람들이 한 번도 해본 적이 없어서 스스로 소설을 쓸 수 있을지 없을지 모르겠다고 한 말에 주목한 바 있다. 이런 사람들은 마치 한 번만 해보면 타고난 글쓰기 능력을 발견할 수 있다고 생각한다. 마찬가지로 대부분의 자기계발서는 독자가 본질적으로 성공할 준비가 되어 있으며, 아무리 큰 장애물을 마주쳐도 간단하게 극복할 수 있다고 주장한다. 사람들은 무명이었던 운동선수와 작가, 예술가들이 타고난 재능으로 하루아침에 유명해진 이야기, 즉 '타고난 재능'에 대한 이야기를 좋아한다. 그리고 전문가는 '타고난 존재'라고 말한다. 하지만 전문가들의 성장 과정을 살펴보면 그들이 훈련과 연습에 많은 시간을 투자했다는 사실이 어김없이 드러난다. '역대 최고의 타고난 선수'로 불렸던 샘 스니드는 〈골프 다이제스트Golf Digest〉와의 인터뷰에서 이렇게 말했다.

사람들은 항상 제가 스윙 실력을 타고났다고 말합니다. 그리고 제가 열심히 노력하지 않는다고 생각하죠. 하지만 저는 어렸을 때 낮에 계속 연습하고 밤에는 제 차의 헤드라이트 옆에서 연습했어요. 손에서 피가 날 정도였죠. 저보다 골프 연습을 더 열심히 한 사람은 없을 겁니다.

전문가가 되기 위해서는 시간을 투자해야 할 뿐만 아니라, 어떤 분야에서는 아주 일찍부터 시작해야 한다. 의도적인 연습을 할 기회가 적으면 전문가가 될 수 있는 능력에 분명 제약이 따르며, 이는 결코 사소한 문제가 아니다. 스웨덴의 심리학자 안데르스 에릭손은 강연을 마치고 한 청중으로부터 원숙한 나이에 훈련을 시작해도 올림픽 메달을 딸 수 있느냐는 질문을 받은 적이 있다. 에릭손은 요즘은 대부분의 엘리트 선수들이 아주 일찍 훈련을 시작하기 때문에 이와 비슷한 훈련을 거치지 못한 사람이 단독으로 메달을 따기는 사실상 불가능하다고 대답했다. 많은 아이들이 어떤 이유로든 최고의 선생님과 함께 연습하고 스포츠 종목에서 올림픽 수준에 도달하는 데 필요한 훈련에 참여할 기회를 얻지 못하고 있다.

도움을 줄 코치와 멘토를 찾아라

역사상 가장 유명한 바이올린 교사인 이반 갈라미언Ivan Galamian

은 신예 마에스트로들이 혼자서는 의도적으로 연습하지 않는다는 점을 다음과 같이 지적했다.

널리 알려진 예술가들의 성장 과정을 분석하면 성공 여부가 연습의 질에 달려 있다는 사실을 알 수 있다. 그런데 거의 모든 경우에 연습은 교사 또는 조교가 지속적으로 감독했다.

세계 정상급 연주자들에 관한 연구에서 갈라미언의 주장이 확인됐다. 전문가가 되기 위해서는 발달 단계에 따라 다양한 교사가 필요하다는 사실도 밝혀졌다. 초창기에는 시간과 칭찬을 아낌없이 쏟아줄, 비교적 가까운 곳에 있는 교사에게 지도를 받지만, 나중에는 실력을 계속 향상하기 위해 더 수준 높은 지도자를 찾아야만 한다. 국제적인 수준의 성취를 이룬 지도자에게 계속해서 훈련받는 사람이 결국 최고의 전문가가 된다.

전문적인 코치가 있으면 여러 가지 면에서 차이가 있다. 우선, 코치는 학습 과정을 가속하는 데 도움을 준다. 13세기 철학자이자 과학자인 로저 베이컨Roger Bacon은 30년을 배워도 수학을 정복하기는 불가능하다고 주장했다. 하지만 오늘날에는 미적분과 같이 복잡한 수학적 개념도 10대에 정복할 수 있다. 13세기 이후 학자들이 훨씬 더 쉬운 방식으로 자료를 정리했기 때문이다. 수학을 배우기 위해 더 이상 혼자 에베레스트를 등반할 필요가 없다. 그저 잘 닦인 길을 따라가기만 하면 된다.

전문성을 개발하기 위해서는 건설적이고 때로는 고통스러운 피드백을 주는 코치가 필요하다. 진정한 전문가는 이와 같은 피드백을 구하려는 욕구가 무척 강하다. 그뿐만 아니라 코치의 조언이 언제, 어떤 경우에 자기에게 효과가 없는지 잘 안다. 탁월한 성과를 내는 사람들은 자신이 무엇을 잘하는지 알고 있었고, 따라서 무엇을 잘못하고 있는지에 집중했다. 이들은 자신을 더 높은 수준의 성과로 이끌어줄 코치를 의도적으로 선택했다. 최고의 코치는 우리가 다음 단계로 나아가기 위해 개선해야 할 문제점도 파악한다. 코치가 너무 빨리, 너무 강하게 밀어붙이면 좌절감만 느끼고 아예 실력 향상을 포기하고 싶은 유혹에 빠질 수도 있다.

하지만 코치에게 의존하는 데는 한계가 있다. 통계에 따르면 방사선 전문의가 엑스레이를 통해 유방암을 정확하게 진단하는 비율은 약 70퍼센트에 불과하다. 일반적으로 경력이 짧은 방사선 전문의는 '전문가'와 함께 일하며 엑스레이 판독 기술을 배운다. 따라서 오랜 기간 성공률이 70퍼센트에서 더 나아가지 못하는 것도 놀랄 일이 아니다. 방사선 전문의가 정확도를 즉시 확인할 수 있는 검증된 사례 데이터를 통해 연습한다면 방사선학이 얼마나 더 발전할지 상상해보자. 이런 기술은 교육 분야에서 더 자주 활용되고 있다. 특히 의료 및 항공 분야의 전문가들이 적절한 피드백을 받으며 안전하게 연습하기 위해 정교한 시뮬레이션 시장이 부상하고 있다.

코치로부터 제대로 된 피드백을 받아 전문성이 높아지면 어느 시점부터는 스스로 자기계발 계획을 세우게 된다. 자녀가 둥지를 떠나도록 격려하는 부모처럼, 훌륭한 코치는 학생들이 자기 '내면의 코치'에게 의지하는 방법을 가르쳐준다. 어떤 분야에서든 셀프 코칭이 가능하다. 예를 들어, 전문성이 뛰어난 외과 의사는 환자의 수술 후 상태에만 관심을 두는 것이 아니라, 수술 중에 발생한 뜻밖의 사건을 연구하여 향후 실수나 오진을 피하는 방법을 알아내려 노력한다.

미국을 건국한 아버지라고 불리는 벤저민 프랭클린Benjamin Franklin은 셀프 코칭의 훌륭한 사례를 제공한다. 유려하고 설득력 있는 글을 쓰는 방법을 배우고 싶었던 시절, 그는 영국의 유명 일간지 〈스펙테이터Spectator〉에서 자신이 즐겨 읽은 기사를 공부했다. 특히 마음에 드는 기사는 읽고 나서 며칠 후 기억에 의존해 자신의 표현으로 재구성했다. 그런 다음 재구성한 기사를 원본과 비교하여 자신의 오류를 찾아 수정했다. 기사를 운율을 살린 운문으로 번역하고 운문에서 다시 산문으로 번역하는 등 언어 감각을 키우기 위해서도 노력했다. 이와 마찬가지로 유명한 화가들은 가끔 다른 거장의 그림을 따라 그려보기도 한다.

누구나 이와 같은 방법을 업무에 적용할 수 있다. 회사에 의

사소통 능력이 뛰어난 사람이 곧 해고될 직원들이 많이 속해 있는 부서를 대상으로 강연할 예정이라고 가정해보자. 자신이라면 어떤 이야기를 할지 연설문을 작성해본 다음, 그 사람의 실제 연설문과 비교해보자. 의사소통 능력이 뛰어난 사람의 연설에 대한 반응을 관찰하고, 나의 연설에 대한 반응은 어떨지도 상상해보자. 뛰어난 사람들의 결정과 소통 방식 등을 스스로 훈련할 수 있다면, 훈련할 때마다 탁월한 성과에 조금 더 가까이 다가갈 수 있을 것이다.

전문가가 되고 싶다면 먼저 최고 수준의 성과를 내는 사람은 이러하다는 통념에서 벗어나야 한다. 연습과 기회, 운을 더해 전문성을 일궈내는 것은 그다음 문제다. 천재성은 타고나는 것이라는 잘못된 개념이 깊이 뿌리를 내리고 있기 때문이다. 이 통념의 가장 완벽한 사례는 음악의 신동이라고 불리는 볼프강 아마데우스 모차르트일 것이다.

모차르트의 업적이 동시대 음악가들에 비해 비범했다는 사실은 분명하다. 그러나 그의 성장 과정이 그 시대에도 예외적이었다는 사실은 간과된다. 모차르트는 4세가 되기 전부터 음악 교육을 받기 시작했고, 유능한 작곡가였던 그의 아버지는 유명한 음악 교사였으며 바이올린 교육에 관한 책을 쓰기도 했다. 여느 세계적인 연주자들과 마찬가지로 모차르트도 전문가로 태어나지 않았다. 전문가로 성장한 것이다.

안데르스 에릭손은 스웨덴의 심리학자로 플로리다주립대학교의 석학 교수를 역임했다. 《1만 시간의 재발견Peak》(비즈니스북스, 2016)의 공저자로, 의학, 음악, 체스, 스포츠 등의 영역에서 놀라운 경지에 도달한 고성과자를 연구하여 '1만 시간의 법칙'을 처음으로 제시했다. 전문지식과 인간 수행능력의 심리적 본성 분야를 다루는 연구를 통해 세계적으로 인정받는 연구자다.

마이클 프리툴라는 에모리대학교 고이주에타 경영대학원의 교수로, 인간의 의사결정, 집단의 행동, 연기와 리더십의 연관성에 대해 연구한다. AI와 인간의 협업, AI 윤리 영역도 함께 연구하고 있으며, 플로리다주 펜사콜라에 있는 인간및기계인지연구소Institute for Human and Machine Cognition의 객원 연구원이다.

에드워드 코클리는 오클라호마대학교의 심리학 교수이자 미국 국립위기관리연구소의 공동 창립 교수진이다. 위기 이해력 및 의사결정 심리학, 기술 습득과 인지적 훈련 등을 연구하고 있다.

부단한 자기경영으로 제2의 경력을 개발하라

피터 드러커

나폴레옹, 다빈치, 모차르트 등 역사상 위대한 성공을 거둔 사람들은 항상 자신을 경영해왔다. 이들이 거둔 위대한 성공의 원동력은 부단한 자기경영이다. 물론 이들은 재능과 업적 모두 평범한 인간의 한계를 벗어났다고 간주할 만큼 드물고 예외적이다. 그러나 이제는 우리 모두, 심지어 재능이 평범한 사람도 자신을 경영하는 법을 배워야 한다. 자기 자신을 개발하는 법을 배우고 자신이 가장 큰 공헌을 할 수 있는 곳을 찾아야 한다. 그리고 50년 남짓한 시간을 직장 등에서 일하는 동안 정신적으로 깨어있고 몰입해야 한다. 다시 말해, 언제 어떻게 경력을 쌓고 또 전환해야 할지를 알아야 한다.

나의 강점은 무엇인가?

사람들은 대체로 자신이 무엇을 잘하는지 안다고 생각한다. 하지만 이 생각은 틀렸다. 자신이 무엇을 못하는지 아는 사람은 위와 같은 착각에 빠진 사람보다 조금 더 많다. 하지만 이 경우에도 제대로 아는 사람보다 잘못 알고 있는 사람이 더 많다. 그런데 사람은 강점을 통해서만 성과를 발휘할 수 있다. 아예 못 하는 일은 물론이고 약점을 바탕으로 성과를 쌓을 수는 없다.

과거에는 자신의 강점을 알 필요가 없었다. 사람은 태어날 때부터 신분과 직업이 정해져 있었다. 농부의 아들은 농부가 되고 장인의 딸은 장인의 아내가 되는 식이었다. 하지만 이제 우리 모두에게는 선택권이 있다. 그리고 내 자리가 어디인지 알고 싶다면 내 강점을 알아야 한다.

강점을 발견하는 유일한 방법은 피드백 분석이다. 중요한 결정을 내리거나 중요한 행동을 취할 때마다 어떤 일이 일어나리라 예상되는지 적어보자. 그리고 9~12개월 후, 실제 결과와 기대치를 비교해보라. 나는 이 방법을 20년 동안 실천해왔는데 매번 깜짝 놀라곤 한다. 예를 들어 피드백 분석을 통해 정말 놀랍게도 내가 엔지니어와 회계사, 시장 조사자 등 기술직에 종사하는 사람들을 직관적으로 이해하고 있으며, 제너럴리스트와는 별로 공감하지 못한다는 사실을 알게 됐다.

피드백 분석은 결코 새로운 방법이 아니다. 14세기 무렵 어느 무명의 독일 신학자가 발명했고, 그로부터 약 150년 후 장 칼뱅John Calvin과 로욜라의 이그나티우스Ignatius가 각자 받아들인 뒤, 제자들의 훈련에 이 방법을 도입했다. 실제로 이 방식이 만들어낸 성과와 결과에 꾸준히 집중하다 보면 왜 이 두 사람이 설립한 칼뱅주의 교회와 예수회라는 기관이 설립된 지 30년도 채 되지 않아 유럽을 지배할 수 있었는지 알 수 있다.

꾸준히 피드백 분석을 실천하면 2~3년이라는 비교적 짧은 기간 내에 자신의 강점이 무엇인지 알 수 있는데, 그 강점이 바로 우리가 알아야 할 핵심이다. 강점을 최대한으로 활용하는 행위나 그렇지 못한 행위가 무엇인지도 알 수 있다. 유독 재능이 없는 영역과 강점이 전혀 없어서 내 능력으로 수행할 수 없는 부분이 어디인지도 알게 된다.

피드백 분석을 해보면 우리 행동에 대한 중요한 깨달음을 얻을 수 있다. 첫 번째는 강점에 집중해야 한다는 점이다. 강점으로 성과를 거둘 수 있는 분야에 집중해야 한다. 두 번째는 강점을 개선하기 위해 노력해야 한다는 점이다. 피드백 분석을 하면 기존의 기술을 개선하거나 새로운 기술을 습득해야 하는 부분을 빠르게 파악할 수 있다. 자신이 지닌 지식의 빈틈도 드러나는데, 대체로 이런 빈틈은 노력을 통해 메울 수 있다. 수학자는 타고나지만, 삼각함수는 누구나 배울 수 있다. 세 번째로 자신의 지적 오만함으로 인한 무지를 찾아 극복해야 한다는 점이다. 어느 한 분야에서 전문성이 뛰어난 사람들은 다른 분야의 지식을 경멸하거나 자신의 명석함으로 지식을 대신할 수 있다고 착각한다. 예를 들어, 일류 엔지니어들은 자신이 인간의 본성에 대해 아무것도 모른다는 사실에 자부심을 느끼는 경향이 있다. 이들은 체계적이고 훌륭한 엔지니어링 정신에 비하면 인간이 너무 무질서하다고 생각한다. 반면 인사 담당자는 기초적인 회계 지식이나 정량적 방법에 대해서는 전혀 모른다고 자부하는 경우가 많다. 그러나 이런 무지에 대해 느끼는 자부심은 자기 패배적이다. 우리 모두는 강점을 충분히 발휘하는 데 필요한 기술과 지식을 습득하기 위해 거듭 노력해야 한다.

효율성을 저해하고 성과를 달성하지 못하게 방해하는 행동이나 잘못된 습관도 고쳐야 한다. 이런 습관은 피드백을 통해 금세 드러난다. 예를 들어, 탁월한 기획자가 아무리 근사한 계획을 세우더라도 그 계획을 실천하려 노력하지 않는다면 그 계획은 실현되지 못한다. 특정 분야에 뛰어난 다른 사람들과 마찬가지로 기획자는 아이디어만으로 산을 움직인다고 믿는다. 하지만 산을 움직이는 것은 불도저다. 아이디어는 불도저가 어디로 가야 하는지 가르쳐줄 뿐이다. 따라서 이 기획자는 계획이 완성됐다고 해서 일이 끝나는 것이 아니라는 점을 배워야 하고, 계획을 실행할 사람들을 찾아 내용을 설명해야 한다. 또 계획을 실행에 옮기면서 조정하고 수정해야 할 뿐만 아니라 추진을 중단할 시점도 결정해야 한다.

이 과정에서 피드백을 통해 매너 부족 같은 지극히 기본적인 문제를 발견할 수도 있다. 매너는 윤활유와 같다. 움직이는 두 물체가 서로 접촉하면 자연히 마찰이 생긴다. 물체나 인간이나 마찬가지다. "부탁합니다" 또는 "감사합니다" 같은 말을 하거나, 상대방의 이름을 기억하고 안부를 묻는 등 간단한 매너를 지키면 두 사람이 서로 호감이 있든 없든 함께 일할 수 있다. 똑똑한 사람들, 특히 똑똑하고 젊은 사람들은 이런 면을 이해하지 못하는 경우가 많다. 특정 업무 영역에서 뛰어난 누군가가 다른 사람의 협력이 필요한 순간에 거듭 실패한다면 이는 그 사람에게 예의, 즉 매너가 부족하기 때문일 가능성이 높다.

기대치와 결과를 비교해보면 자신이 어떤 행동을 삼가야 할지 알 수 있다. 우리 모두에게는 재능이나 기술이 아예 없거나, 평범한 수준에 이를 가능성조차 없는 분야가 많다. 지식노동자는 이런 분야의 일이나 업무, 과제를 맡지 말아야 한다. 역량이 부족한 분야를 개선하기 위해 노력을 낭비하는 일을 가급적 줄여야 한다. 무능함에서 평범함으로 개선하려면 좋은 성과를 탁월한 수준으로 개선하는 데 필요한 것보다 훨씬 더 많은 에너지와 노력이 필요하다. 그런데도 대부분의 조직은 무능한 성과를 내는 사람을 평범한 성과를 내는 사람으로 만드는 데 집중한다.

그보다는 유능한 사람을 놀라운 성과를 내는 사람으로 일궈내는 데 에너지와 자원, 시간을 투자해야 한다.

나는 어떻게 성과를 거두는가?

놀랍게도 자신이 어떻게 일을 처리하는지 아는 사람은 드물다. 사람들은 저마다 일하는 방식과 성과가 다르다는 사실조차 알지 못한다. 너무 많은 사람들이 자신에게 맞지 않는 방식으로 일하고 있으며, 그러다 보니 성과는 부진할 수밖에 없다. 지식노동자는 스스로의 강점을 파악하기에 앞서 '나는 어떻게 성과를 거두는가'라는 질문의 답을 찾아야 한다.

저마다 강점이 다르듯 저마다 성과를 내는 방식도 다르다. 성과를 거두는 방식은 성격의 문제다. 타고난 것이든 길러진 것이든, 이는 일터에 진출하기 훨씬 전에 형성된다. 그리고 각기 잘하는 분야와 못하는 분야가 정해져 있듯, 저마다 어떤 방식으로 성과를 거두는지도 정해져 있다. 성과를 내는 방식은 다소 달라질 수 있지만, 완전히 바꾸기는 어려우며 쉽게 바뀌지도 않는다. 스스로 잘하는 일을 해서 성과를 얻듯이 가장 잘할 수 있는 방식으로 일해야 성과를 달성할 수 있다. 대체로 다음의 두 가지 대표적인 성격 특성으로 성과를 내는 방식이 결정된다.

나는 읽는 사람인가, 듣는 사람인가?

가장 먼저 알아야 할 것은 자신이 읽는 사람인지 혹은 듣는 사람인지 하는 점이다. 세상에는 읽는 사람과 듣는 사람이 있고, 둘 모두에 해당하는 사람은 드물다. 자신이 둘 중 어느 쪽인지 아는 사람은 이보다 더 적다. 다음의 사례를 보면 이런 점을 알지 못하는 것이 얼마나 큰 손해인지 짐작할 수 있다.

제2차 세계대전 당시 드와이트 아이젠하워Dwight Eisenhower는 유럽 연합 최고 사령관을 역임하며 언론의 사랑을 한 몸에 받았다. 아이젠하워 장군은 기자 회견에서 어떤 질문에도 능숙하게 대답했으며, 아름답고 세련된 문장으로 상황을 묘사하고 정책을 설명할 줄 알았다. 그런데 10년 후, 그가 미국의 대통령이 되자 아이젠하워를 존경하던 기자들은 그를 공개적으로 경멸했다. 그는 질문에 답하지 않고 불평만 늘어놓으며 다른 얘기만 끊임없이 주절거렸다. 기자들은 일관성 없고 문법조차 맞지 않는 답변으로 정통 영어를 망치고 있다고 그를 끝도 없이 조롱했다.

아이젠하워는 자신이 듣는 사람이 아니라 읽는 사람이라는 사실을 알지 못했다. 그가 유럽 최고 사령관으로 있을 때 보좌관들은 기자 회견이 시작하기 적어도 30분 전까지 언론에 모든 질문을 반드시 서면으로 제출하게 했다. 덕분에 아이젠하워는 질문을 미리 읽고 파악할 수 있었다. 이후 대통령이 됐을 때 그는 듣는 사람인 프랭클린 루스벨트Franklin D. Roosevelt와 해리 트루먼Harry Truman의 뒤를 이어 대통령이 됐다. 두 사람 다 스스로 듣는 사람임을 알았고, 기자 회견을 여유롭게 즐겼다. 아이젠하워는 자신도 두 전임자가 했던 대로 해야 한다고 느꼈을 것이다. 그 결과 그는 기자들이 무슨 질문을 하는지조차 제대로 이해하지 못했다.

몇 년 후, 34대 대통령인 드와이트에 이어 미국의 36대 대통령이 된 린든 존슨Lyndon Johnson은 자신이 듣는 사람이라는 사실을 알지 못해 대통령직을 잃었다. 그의 전임자인 존 케네디John Kennedy는 읽는 사람이었으며, 뛰어난 저술가들을 보좌진으로 두고 기록에 대해 직접 논의하기 전에 반드시 그 내용을 자신에게 서면으로 써서 보내게 했다. 존슨 역시 이들을 계속 참모진으로 두었고, 참모진들은 지금까지 해왔듯 글을 썼다. 하지만 존슨은 그들이 쓴 글을 전혀 이해하지 못했다. 그러나 상원의원이었을 때의 존슨은 훌륭했다. 국회의원은 듣는 사람이어야 했기 때문이다.

듣는 사람이 잘 읽는 사람이 될 수 있는 방법은 거의 없다. 그 반대의 경우도 마찬가지다. 따라서 읽는 사람이 되려고 하는 듣는 사람은 린든 존슨의 운명을 겪게 될 것이고, 듣는 사람이 되려고 하는 읽는 사람은 드와이트 아이젠하워의 운명을 겪을 것이다. 그러면 업무를 잘 수행하지도, 큰 성과를 거두지도 못한다.

나는 어떻게 배우는가?

사람이 성과를 내는 방식을 파악하려면 먼저 자신에게 맞는 학습 방식을 알아야 한다. 윈스턴 처칠과 같은 일류 작가 중에는 학교 공부를 제대로 따라가지 못한 경우가 많다. 이들은 학교에서 가르치는 공부를 순전히 고문으로 기억한다. 하지만 이들의 같은 반 친구 중 학교 교육을 같은 방식으로 기억하는 사람은 별로 없다. 그의 친구들도 학교를 그다지 좋아하지 않았을 수는 있지만, 최악의 고통이라고 해봐야 지루함을 느꼈을 뿐이다. 이는 작가들이 일반적으로 듣고 읽는 방식을 통해 배우지 않기 때문에 발생하는 차이다. 이들은 쓰면서 배운다. 하지만 학교에서는 이런 방식으로 가르치지 않기 때문에 작가들은 좀처럼 좋은 점수를 받지 못한다.

학교는 올바른 학습법이란 하나뿐이고, 모두의 학습법이 같다는 전제를 바탕으로 조직된다. 하지만 다른 방식으로 학습하는 학생들에게 학교에서 강요하는 방식은 지옥과도 같다. 실제로 학습에는 여러 가지 방식이 있다.

처칠처럼 쓰면서 배우는 사람이 있는가 하면 기록하면서 학습하는 사람도 있다. 예를 들어, 베토벤은 엄청난 양의 스케치북을 남겼지만 실제로 작곡할 때는 스케치북을 전혀 보지 않았다고 한다. 왜 스케치북을 보관했느냐는 질문에 그는 "즉시 기록하지 않으면 바로 잊어버리기 때문이다. 스케치북에 적어두면 절대 잊어버리지 않으며 다시 찾아볼 필요도 없다"라고 답했다. 어떤 사람은 행동을 취하면서 배운다. 또 다른 사람은 스스로 말하는 내용을 들으면서 배운다.

내 지인 중에 작고 평범한 가족 기업을 업계 최고 수준으로 끌어올린 경영자가 있는데, 그는 대화를 통해 배우는 사람이다. 그에게는 일주일에 한 번 고위급 간부 전체를 사무실로 불러 2~3시간 동안 이야기를 나누는 습관이 있다. 그는 그 자리에서 정책상의 문제를 제기하고 각 문제에 대해 3가지 다른 입장을 펼치곤 한다. 그 자리에서 의견을 묻거나 질문하는 일은 없다. 그는 그저 자신의 말을 들을 청중이 필요할 뿐이다. 그는 이런 방식을 통해 배웠다. 이 경우는 상당히 극단적인 사례지만, 대화를 통한 학습 자체는 결코 특이한 방식이 아니다. 소송에 능한 변호사들이 같은 방식으로 학습하며, 의료 분석가도 대부분 마찬가지다(나 역시 그렇다).

자기인식self-knowledge의 중요 요소 가운데 학습 방식이 가장 알기 쉽다. 내가 사람들에게 "당신은 어떻게 학습하나요?"라고 물어보면 대부분 그 답을 안다. 하지만 "그 학습 방식을 바탕으로 행동하나요?"라고 물으면 그렇다고 대답하는 사람은 드물다. 아는 바를 행동으로 옮기는 것이 성과의 핵심이다. 행동으로 옮기지 않는다면 성과는 없는 셈이나 마찬가지다.

"나는 읽는 사람인가, 아니면 듣는 사람인가? 그리고 어떻게 배우는가?"라는 질문을 가장 먼저 던져야 한다. 하지만 이 질문만이 전부는 아니다. 자신을 효과적으로 관리하기 위해서는 "나는 사람들과 잘 어울리는 편인가, 아니면 혼자 떨어져 있는 사람인가?"라는 질문도 해야 한다. 사람들과 잘 어울린다면 "어떤 관계에서 잘 어울리는가?"라고도 물어야 한다.

어떤 사람은 지시를 받아서 일할 때 성과가 가장 좋다. 제2차 세계대전 당시 미국의 위대한 영웅인 조지 패튼George Patton 장군이 그 대표적인 예다. 패튼은 미국 최고의 부대 사령관이었지만, 그가 독립 사령부 사령관을 제안받았을 때 미 육군 참모 총장이자 미국 역사상 가장 인사 능력이 뛰어난 조지 마셜George Marshall 장군은 "패튼은 미군이 배출한 최고의 부하이지만 최악의 사령관이 될 것"이라고 말했다(조지 패튼은 사치스러운 취미로 품행이 부적절하다는 논란이 있었고, 대공황 시기에 연금 지급을 요구하는 군인 시위대를 진압하여 100명의 사상자를 낸 것으로 오명이 높다-옮긴이).

누군가의 지시를 받는 팀원일 때 일을 잘하는 사람이 있는가 하면, 혼자서 일할 때 결과가 가장 좋은 사람도 있다. 또 어떤 사람은 코치나 멘토 역할을 할 때 독보적인 재능을 발휘한다. 그런가 하면 일은 잘해도 멘토로서는 무능한 사람도 있다.

또 다른 중요한 질문은 "내가 의사결정자로서 성과를 내는가, 아니면 조언자로서 성과를 내는가?"다. 어떤 사람은 조언자로서는 최고의 성과를 내지만 의사결정자로서의 부담과 압박은 견디지 못한다. 반면 어떤 사람에게는 올바르게 생각할 수 있도록 이끌어주는 조언자가 필요하다. 그래야 자기 확신, 용기가 생겨 신속하게 결정을 내리고 행동할 수 있다.

조직에서 이인자가 일인자로 승진했을 때 실패하는 경우가 잦은 이유도 바로 이 때문이다. 최고의 자리에는 의사결정권자가 필요하다. 막강한 의사결정권자는 종종 자신이 신뢰하는 사람을 이인자 자리에 조언자로 앉히는데, 이 사람은 그 자리에서는 뛰어난 능력을 발휘한다. 하지만 그를 일인자 자리에 앉히면 실패하고 만다. 어떤 결정을 내려야 하는지는 알지만 실제로 그 결정을 내리는 데 따르는 책임을 감당하지 못하기 때문이다.

다른 중요한 질문으로 "스트레스를 받으면서 잘 견디는가, 아니면 대단히 구조화되고 예측 가능한 환경이 필요한가?"가 있다. "나는 큰 조직에서 가장 잘 일하는가, 아니면 작은 조직에서 가장 잘 일하는가?"라는 질문도 해볼 수 있다. 환경에 영향을 받지 않고 어디서든 일을 잘하는 사람은 거의 없다. 큰 조직에서는 훌륭한 성과를 내던 사람들이 작은 조직으로 옮긴 후 안타깝도록 허우적거리는 모습을 나는 여러 번 보았다. 그 반대의 경우도 마찬가지다.

그러므로 거듭 강조한다. 자신을 바꾸려 하지 마라. 어차피 성공할 가능성도 없다. 하지만 성과를 내는 방식을 개선하기 위한 노력은 의미가 있고 결과도 얻을 수 있다. 그리고 성과를 낼 수 없거나 성과가 저조할 일은 맡지 않도록 노력하라.

나의 가치관은 어떠한가?

자신을 관리하기 위해서는 결국 "나의 가치관은 무엇인가?"라는 질문을 던져야 한다. 가치관을 점검하는 테스트는 간단하다. 나는 이 테스트를 '거울 테스트'라고 부른다.

20세기 초 모든 강대국에서 가장 존경받는 외교관은 런던 주재 독일 대사였다. 그는 위대한 일을 할 운명을 타고난 사람이었다. 연방 총리까지는 아니더라도 한 나라의 외무장관은 될 수 있었다. 그러나 그는 1906년 에드워드 7세를 위한 외교단 만찬을 준비하던 중 갑작스럽게 사임했다. 악명 높은 바람둥이였던 왕은 어떤 만찬을 원하는지 분명히 밝혔고, 이에 대해 대사는 "나는 아침에 면도할 때 거울에서 매춘 알선업자를 보고 싶지 않다"라고 말하며 사임했다.

이것이 바로 거울 테스트다. 자신의 가치관을 알고 싶다면 스스로에게 "나는 아침에 거울에서 어떤 사람을 보고 싶은가?"라고 물어보라. 어떤 조직이나 상황에서 윤리적인 행동은 다른 조직이나 상황에서도 윤리적인 행동이다. 그러나 윤리는 가치 체계의 일부일 뿐이며, 특히 조직에서의 가치 체계는 더욱 그렇다. 자신의 가치 체계와 맞지 않거나 스스로 받아들일 수 없는 가치 체계를 추구하는 조직에서 일하면 좌절하기 쉽고 성과도 부진할 것이다.

회사가 큰 규모의 조직에 인수된 후 매우 큰 성공을 거둔 한 인사 담당 임원의 경험을 예로 들어보겠다. 인수 후에 이 임원은 승진하여 자신이 가장 잘 할 수 있는 일, 즉 중요한 직책에 적합한 인재를 선발하는 업무를 맡았다. 그는 회사 내부의 모든 인재를 두루 써본 후에 외부에서 그런 직책에 맞는 사람을 찾아봐야 한다고 굳게 믿었다. 그런데 새 회사에서는 '신선한 피를 수혈하기 위해' 먼저 외부에서 인재를 찾아야 한다고 생각했다. 두 가지 접근 방식 모두 일리가 있지만, 가장 좋은 방법은 둘 모두에서 일부를 적용하는 것이다. 그러나 이 두 접근 방식은 정책이 아니라 가치관으로서는 근본적으로 양립할 수 없다. 조직과 사람 사이의 관계에 대한 서로 다른 관점을 반영하기 때문이다. 조직에서 구성원의 발전을 위해 취해야 할 책임에 대한 관점도 다르다. 기업에서의 개인의 기여에 대한 관점 역시 다르다. 수 년 뒤 그 임원은 높은 임금에도 불구하고 회사를 그만두었다. 그의 가치관과 조직의 가치관이 양립하지 않았기 때문이다.

제약 회사의 경우를 예로 들어보자. 이 회사가 지속적이고 작은 발전을 통해 성과를 얻으려 하는지, 아니면 비용이 많이 들더라도 위험 부담이 큰 '혁신'을 통해 성과를 얻으려 하는지는 근본적으로 경제적인 문제가 아니다. 물론 두 전략의 결과가 거의 같을 수도 있다. 하지만 더 깊이 살펴보면 제약 사업을 통해 의사의 일을 돕는 데 중점을 두는 가치 체계와 과학적 발견을 지향하는 가치 체계 사이에 충돌이 있다.

단기적인 성과를 위해 비즈니스를 운영할 것인지, 장기적인 관점에서 비즈니스를 운영할 것인지 역시 가치관의 문제다. 재무 분석가들은 이 두 가지를 동시에 달성할 수 있다고 믿는다. 성공한 사업가들은 이런 문제를 더 잘 안다. 기업이라면 모름지기 단기적인 성과를 내야 한다. 하지만 단기적인 성과와 장기적인 성장이 충돌할 경우, 각 기업은 자체적으로 우선순위를 결정한다. 이는 경제적인 문제가 아니다. 근본적으로 한 기업의 역할과 경영진의 책임에 관련된 가치 갈등이다.

가치 갈등은 기업 조직에만 국한되지 않는다. 미국에서 빠르게 성장하는 목회 교회 중 한 곳에서는 새로 들어온 신자 수로 성공을 측정한다. 이 교회의 지도층은 얼마나 많은 새 신자가 교회에 합류하느냐를 중요하게 본다. 반면 또 다른 목회적이고 복음주의적인 교회에서는 사람들의 영적 성장이 중요하다고 믿는다. 이 교회에서는 교회에 들어왔지만 영적 생활에 합류하지 않는 새 신자를 내보낸다.

다시 말하지만, 이는 단순히 숫자의 문제가 아니다. 언뜻 보기에는 두 번째 교회가 더 느리게 성장하는 것처럼 보인다. 그러나 이 교회는 첫 번째 교회에 비해 새 신자가 이탈하는 비율이 훨씬 적다. 즉, 성장이 더 견고하다. 여기서 신학적인 논의는 부차적이다. 핵심은 가치관의 차이에 있다. 첫 번째 교회의 목회자라면 "우선 교회에 나오지 않으면 천국 문은 절대로 찾을 수 없다"라고 주장하겠지만, 두 번째 교회의 목회자는 이렇게 말할 것이다. "그렇지 않다. 천국으로 가는 문을 찾기 전까지는 교회에 속하지 않는 것이다."

사람과 마찬가지로 조직에도 가치관이 있다. 조직에서 제대로 된 성과를 내려면 개인의 가치관이 조직의 가치관과 양립해야 한다. 반드시 같을 필요는 없지만 공존할 수 있을 정도로는 비슷해야 한다. 그렇지 않으면 개인은 좌절을 경험할 뿐 아니라 성과도 내지 못한다.

개인의 강점과 성과를 거두는 방식은 일반적으로 상호 보완적인 관계에 있다. 하지만 가끔 개인의 가치관과 강점 사이에 충돌이 생기기도 한다. 어떤 사람이 잘하는 일, 심지어 아주 잘하고 성공적으로 해내는 일이 그 사람의 가치 체계와 맞지 않을 수도 있다. 이런 경우, 자신이 잘하는 일이라도 자신의 인생(심지어 인생의 상당 부분)을 바칠 가치가 없다고 느끼기도 한다.

이쯤 해서 개인적인 이야기를 하나 해볼까 한다. 오래전, 나도 내 가치관과 일의 성공 사이에서 결정을 내려야 했다. 1930년대 중반 나는 런던의 은행에서 일하며 좋은 성과를 내고 있었고, 그 일은 내 강점에 잘 맞았다. 하지만 나는 나 자신이 자산 관리자에 어울린다고 생각하지 않았다. 나는 사람을 소중히 여겼고, 공동묘지에서 가장 부유한 사람이 되는 건 아무 의미가 없다고 생각했다. 당시 시장은 불황이었고, 저축해둔 자금도 없었던 데다 다른 일을 할 가능성도 없었다. 그렇지만 나는 회사를 그만뒀고, 그렇게 하는 것이 옳았다. 다시 말해, 가치관은 궁극적인 시험대이며 그래야만 한다.

나는 어디에 속하는가?

극히 소수의 사람만이 아주 일찍부터 자신이 어디에 속하는지 안다. 예를 들어 수학자와 음악가, 요리사는 보통 4~5세쯤이면 그 자질을 보인다. 의사는 이보다 더 빠르지는 않더라도 보통 10대에 진로를 결정한다. 그러나 대부분의 사람은, 심지어 재능이 뛰어난 사람조차도 20대 중반이 지나도록 자신이 어디에 속해 있는지 전혀 알지 못한다. 하지만 그때쯤이면 다음 3가지 질문에 대한 답은 알고 있어야 한다. 내 강점은 무엇인가? 나는 어떻게 성과를 내는가? 그리고 나의 가치관은 무엇인가? 이 질문의 답을 찾아야만 자신이 어디에 속할지 결정할 수 있고 또 결정해야만 한다.

아니, 오히려 자신이 속하지 말아야 할 곳을 결정해야 한다. 자신이 큰 조직에서 제대로 성과를 내지 못한다는 사실을 알았다면 큰 조직에서의 일자리를 거절해야 한다. 자신이 의사결정을 제대로 내리지 못한다는 사실을 알았다면 의사결정 임무를 거절하는 법을 배워야 한다. 패튼 장군(그는 아마 이 방법을 몰랐을 것이다)은 독립 사령부 사령관직을 거절할 줄 알았어야 했다.

이런 질문에 대한 답을 아는 것 못지않게, 찾아온 기회나 제안 또는 임무에 대해 "네, 그렇게 하겠습니다. 그런데 저는 이렇게 해야 합니다. 일은 이런 식으로 구성해야 합니다. 관계는 이렇게 맺어야 합니다. 이것이 이 기간 동안 저에게 기대할 수 있는 결과입니다. 저는 이런 사람이기 때문입니다"라고 말할 줄 알아야 한다는 점도 중요하다.

성공적인 경력은 그저 계획만 한다고 쌓이지 않는다. 자신의 강점과 일하는 방식, 가치관을 알고 기회를 위해 준비할 때에야 제대로 발전한다. 자신이 어디에 속해 있는지 알면 보통 사람(성실하고 유능하지만 한편으로 평범한 사람)도 얼마든지 뛰어난 성과를 내는 사람이 될 수 있다.

내가 무엇을 기여해야 하는가?

긴 시간 동안 대다수의 사람들은 "내가 무엇을 기여해야 하는가?"라는 질문을 던질 필요가 없었다. 사람들은 무엇을 해야 하는지 지시받았고, 농부나 장인처럼 일 자체에 따라 혹은 가사 고용인처럼 고용주에 의해 임무가 정해졌다. 그리고 비교적 최근까지도 사람들은 회사에서 시키는 대로 하는 직원이라는 사실을 당연하게 여겼다. 1950~1960년대까지만 해도 지식노동자 (소위 조직에 순응하는 사람)들은 경력을 계획하기 위해 회사 인사 부서를 찾았다.

하지만 1960년대 후반이 되자 아무도 무엇을 하라는 지시를 받고 싶어하지 않았다. 대신 스스로에게 이렇게 묻기 시작했다. "나는 뭘 하고 싶은 걸까?" 이들은 '자기만의 일'을 해서 기여해야 한다는 답을 들었다. 하지만 이 해결책은 조직에 무작정 순응하는 방식만큼이나 잘못됐다. 자기만의 일을 하면 공동체에 기여하고 자기실현과 성공을 이룰 수 있으리라 믿었던 사람 중 이를 달성한 사람은 거의 없다.

그렇다고 시키는 대로 주어진 일만 하는 과거의 방식으로 돌아갈 수는 없다. 지식노동자는 과거에 하지 않았던 질문을 하는 법을 배워야 한다. "내가 기여해야 하는 것은 무엇인가?"라는 질문이다. 이 질문에 답하려면 다음 3가지 요소를 고려해야 한다.

이 상황에 필요한 것은 무엇인가? 나의 강점과 성과를 거두는 방식, 가치관을 고려할 때 어떻게 해야 가장 큰 기여를 할 수 있는가? 마지막으로, 변화를 일으키기 위해 어떤 성과를 달성해야 하는가?

새로 부임한 어느 병원 관리자의 경험을 살펴보기로 하자. 그가 부임한 병원은 규모가 크고 명성이 높았지만 30년 동안 별다른 발전이 없었다. 신임 관리자는 2년 내에 병원의 주요 영역에서 탁월성의 표준을 확립하기로 결심하고, 크고 눈에 잘 띄지만 허술한 응급실에 집중하기로 했다. 그는 응급실에 들어오는 모든 환자가 60초 이내에 자격을 갖춘 간호사의 진료를 받게 하겠다고 결정했다. 12개월 만에 이 병원의 응급실은 미국 내 모든 병원의 모델이 됐고, 그가 결심한 것처럼 2년 만에 병원 전체가 탈바꿈했다.

이 사례에서 알 수 있듯이 너무 멀리 내다보는 일은 사실상 불가능하다. 유의미한 성과를 거두고자 한다면 더욱 그렇다. 계획은 일반적으로 18개월을 넘지 않아야 하며, 명확하고 구체적이어야 한다. 따라서 성과를 거두기 위한 질문은 "향후 1년 반 내에 변화를 가져올 결과를 어디서 어떻게 달성할 수 있는가"이며, 그 답은 다음의 기준을 따라야 한다. 첫째, 결과를 달성하기 어려워야 한다. 요즘 유행하는 표현을 빌리자면, 목표에 도달하기 위해 손을 길게 뻗어 늘리듯 '스트레칭'이 필요할 정도여야 한다. 하지만 동시에 목표는 달성 가능한 수준이어야 한다. 달성할 수 없거나 가능성이 아주 희박한 결과를 목표로 삼는 것은 원대한 일이 아니라 어리석은 일이다. 둘째, 결과에 의미가 있어야 한다. 의미 있는 변화를 만들어야 한다는 뜻이다. 마지막으로, 결과는 가시적이어야 하며 어떻게든 측정 가능해야 한다. 이 질문을 통해 무엇을 해야 하는지, 어디서부터 어떻게 시작해야 하는지, 어떤 목표와 기한을 설정해야 하는지 등 행동 방침을 세울 수 있다.

관계에 대한 책임을 져라

혼자 일하고 혼자 성과를 달성하는 사람은 극소수에 불과하다. 극히 드물게 나타나는 위대한 예술가나 과학자 혹은 운동선수뿐이다. 대부분의 사람은 다른 사람들과 함께 일하며, 함께 일할 때 능력을 발휘한다. 이는 조직의 일원이든 독립적으로 고용된 사람이든 마찬가지다. 자신을 관리하려면 관계에 대한 책임을 키워야 한다. 이 책임에는 두 가지 영역이 있다.

첫 번째는 다른 사람들도 나와 마찬가지로 나름의 개성을 지닌 개인이라는 점을 받아들이는 것이다. 나뿐만 아니라 모두가 완고한 자아를 지니고 있다. 사람마다 자신만의 강점이 있고 일을 처리하는 방식이 있으며 가치관이 있다. 따라서 효과적으로 일하려면 동료의 강점과 성과를 내는 방식과 가치관을 파악해야 한다.

당연한 이야기 같지만 이런 부분에 주의를 기울이는 사람은 드물다. 상사가 읽는 사람이었기 때문에 처음 맡은 업무에서부터 보고서를 쓰도록 훈련받는 사람이 그 대표적인 예다. 다음 상사가 듣는 사람이라고 해도 이 사람은 계속 보고서를 작성하겠지만 아무런 성과도 얻지 못할 것이다. 상사는 부하직원을 멍청하고 무능하며 게으르다고 생각할 것이고, 그는 조직에서도 좋은 평가를 받지 못할 것이다. 하지만 그가 새로운 상사를 관찰하고 어떻게 업무를 수행하는지 분석한다면 이런 상황은 충분히 피할 수 있다.

상사는 조직도의 직함도 아니고, 어떤 기능도 아니다. 상사는 한 개인이며 자신이 가장 잘하는 방식으로 일할 권리가 있다. 상사를 관찰해서 상사가 일하는 방식을 파악하고, 상사의 방식에 적응하는 것은 함께 일하는 사람들의 몫이다. 이것이 상사를 '관리'하는 비결이다.

동료에게도 마찬가지다. 각자 일할 때는 저마다의 방식으로 일하지, 상사의 방식대로 일하지는 않는다. 그리고 모두가 자신만의 방식대로 일할 권리가 있다. 핵심은 그들이 성과를 내는지의 여부와 그들의 가치관이 무엇인가 하는 점이다. 성과를 내는 방식은 사람마다 다를 수 있다. 최대 효율을 달성하는 비결은 함께 일하는 사람들을 이해하고 그들의 강점과 일하는 방식, 가치관을 활용할 수 있게 하는 것이다. 일로 맺어지는 관계는 일만큼이나 사람을 기반으로 한다.

관계에서 비롯되는 두 번째 책임은 의사소통에 대한 책임이다. 경영 컨설턴트가 새로운 조직과 일할 때마다 가장 먼저 듣는 이야기가 성격 갈등에 관한 이야기다. 이런 갈등은 대체로 다른 사람들이 무엇을 하고 어떻게 일하는지, 또는 다른 사람들이 어떤 기여에 집중하며, 어떤 결과를 기대하는지 모르기 때문에 생긴다. 그리고 이런 부분을 모르는 이유는 물어보지 않아서 아무 이야기도 듣지 못했기 때문이다.

이런 질문을 던지지 못한 이유는 인간의 어리석음 때문이라기보다는 인류의 역사 때문이다. 최근까지만 해도 이런 사실을 누구에게도 말할 필요가 없었다. 중세 도시에서는 한 지역에 사는 모든 사람이 하는 일이 같았다. 시골에서는 서리가 내리면 계곡의 모든 사람이 같은 작물을 심었다. '평범하지' 않은 일을 하는 소수의 사람들은 혼자 일했기 때문에 자신이 하는 일을 다른 사람에게 알릴 필요가 없었다.

오늘날 대다수의 사람들은 업무와 책임이 서로 다른 사람들과 함께 일한다. 예를 들어, 영업부 출신의 마케팅 부사장이라면 영업에 대해서는 잘 알지만, 가격 책정이나 광고, 포장 등 한 번도 해보지 않은 일에 대해서는 전혀 모를 것이다. 따라서 이런 일을 하는 사람들은 무엇을 하려는지, 왜 하려는지, 어떻게 할 것인지, 어떤 결과를 기대할 수 있는지 마케팅 부사장이 이해하도록 전달해야 한다.

마케팅 부사장이 이 고급 지식 전문가들이 하는 일을 이해하지 못한다면, 이는 마케팅 부사장의 잘못이 아니라 주로 전문가들의 잘못이다. 전문가들이 부사장을 교육하지 않았기 때문이다. 반대로, 동료에게 그가 마케팅을 바라보는 시각, 즉 자신의 목표와 일하는 방식, 자신과 각 구성원에게 기대하는 바를 이해하게 하는 것은 마케팅 부사장의 책임이다.

관계에 따르는 책임의 중요성을 이해하는 사람들조차 동료들과 충분히 소통하지 않는 경우가 많다. 자신이 주제넘거나 쓸데없는 호기심이 많거나 어리석어 보일까 봐 두려워하기 때문이다. 하지만 이런 생각은 틀렸다. 누군가 동료에게 가서 "제가 잘하는 건 바로 이겁니다. 이게 제가 일하는 방식입니다. 그리고 이게 제 가치관입니다. 기여에 있어서는 이런 면에 집중할 계획이며, 이게 제가 기대하는 결과입니다"라고 말하면 항상 돌아오는 반응은 다음과 같다. "이런 이야기가 정말 도움이 돼요. 그런데 왜 진작 말해주지 않았죠?"

그리고 "당신의 강점과 성과를 내는 방식, 가치관, 목표로 삼은 기여에 대해 내가 뭘 알아두어야 할까요?"라고 질문하면 내 경험상 예외 없이 같은 반응이 나온다. 사실 지식노동자는 부하직원과 상사, 동료 또는 팀원 등 함께 일하는 사람 모두에게 같은 질문을 해야 한다. 그리고 이런 질문을 할 때마다 돌아오는 반응은 항상 같다. "물어봐주셔서 감사해요. 그런데 왜 진작 물어보지 않았나요?"

조직은 강제력이 아니라 신뢰를 기반으로 삼는다. 사람들 사이에 신뢰가 존재한다고 해서 반드시 서로 좋아한다는 뜻은 아니다. 그저 서로를 이해하고 있다는 뜻이다. 따라서 관계에 대한 책임은 절대적으로 필요하다. 그것은 의무다. 조직의 구성원이든, 컨설턴트든, 납품업자든, 유통업자든, 누구나 모든 동료, 즉 자신의 일에 의존하는 동료뿐 아니라 업무적으로 관계가 있는 모든 동료에 대해 책임을 져야 한다.

인생 후반, 제2의 경력을 개발하는 법

일이 곧 육체적인 노동을 의미하던 시절에는 인생의 후반에 대해 걱정할 필요가 없었다. 그저 늘 하던 일을 계속하기만 하면 됐다. 운이 좋아서 40년 동안 공장이나 철도에서 고된 노동을 하고도 살아남았다면 남은 인생을 아무 일도 하지 않고 보내도 꽤 만족스러웠다. 그러나 오늘날의 일은 대부분 지식 작업이며, 지식노동자는 40년 동안 일하고 나서도 해도 '끝났다'고 생각하지 않는다. 그저 지루해할 뿐이다.

승진을 거듭해 경영진 정도가 되면 중년의 위기를 겪는다. 위기는 대체로 지루함에서 비롯된다. 45세쯤 되면 임원들은 대개 직장 생활 경력의 정점에 도달하고, 본인도 그 사실을 안다. 20년 동안 거의 같은 종류의 일을 해왔기 때문에 업무에도 매우 능숙하다. 하지만 그들은 일을 통해 새로운 지식을 배우거나 대단한 기여를 하지도 않으며, 일에서 도전 정신과 만족을 느끼지도 못한다. 그런데도 앞으로 20년은 더 일해야 할 가능성이 크다. 그래서 자기경영을 통해 제2의 경력을 시작하는 사람들이 점점 더 많아진다.

제2의 경력을 개발하는 방법에는 3가지가 있다. 첫 번째는 지금 바로 시작하는 것이다. 이는 다른 조직으로 이동하는 수준에 그치기도 한다. 대기업 부서 관리자가 중형 병원의 관리자가 되는 식이다. 하지만 45세에 정계에 입문하는 기업 임원이나 공무원, 20년 만에 회사를 그만두고 로스쿨에 진학해 변호사가 되는 중간 관리자 등 완전히 다른 직종으로 이동하는 사람들도 점점 더 많아지고 있다.

앞으로는 첫 번째 일에서 어느 정도 성공을 거둔 사람들이 제2의 경력을 시작하는 경우가 더 많아질 것이다. 이런 사람들은 상당한 기술이 있고, 일하는 방법도 안다. 아이들이 떠나고 집이 비어 있는 상황에서 이들에게는 커뮤니티가 필요하고 수입도 필요하다. 하지만 무엇보다도 도전이 필요하다.

ON HIGH PERFORMANCE

인생 후반을 준비하는 두 번째 방법은 일을 병행하는 것이다. 첫 번째 경력에서 큰 성공을 거둔 사람들은 대부분 풀타임 또는 파트타임, 컨설팅 등으로 기존에 해오던 일을 계속 유지한다. 그러면서 비영리 단체 등에서 일주일에 10시간 정도 더 일하며 병행 업무를 한다. 교회 행정 업무나 지역 걸스카우트 협의회 회장직을 맡을 수도 있고, 폭력으로 피해를 입은 여성을 위한 쉼터를 운영하거나, 지역 공공 도서관에서 어린이 전문 사서로 일하거나, 학교 이사회에서 활동할 수도 있다.

마지막으로 사회적 기업가가 되는 방법이 있다. 이들은 대개 첫 직장에서 큰 성공을 거둔 사람들이다. 자기 일을 사랑하지만 더 이상 그 분야에서 새로운 도전을 꿈꾸지는 않는다. 지금까지 해오던 일을 계속 이어가지만 일에 투자하는 시간이 점점 줄어든다. 동시에 다른 활동을 시작하는데, 주로 비영리 단체에서 활동한다. 예를 들어, 밥 버포드Bob Buford는 젊어서 매우 성공적인 TV 회사를 설립했고 그 회사를 계속 운영하면서 비영리 단체를 설립했다. 그리고 사회적 기업가들에게 기존 사업과 비영리 벤처를 동시에 경영하는 방법을 가르치기 위해 또 다른 비영리 단체를 조직했다.

인생의 후반을 제대로 경영하는 사람들은 소수일지 모른다. 어쩌면 대다수는 큰 이변 없이 정년퇴직하며, 은퇴하기까지 몇 년이 남았는지 헤아리느라 바쁜 사람이 대부분일지도 모른다.

하지만 소수의 사람들, 즉 긴 근로 수명을 자기 자신과 공동체를 위한 기회로 여기는 사람은 다른 사람을 이끄는 리더이자 롤모델이 된다.

인생의 후반에 제2의 경력을 제대로 경영하려면 전제 조건이 있다. 인생 후반기에 진입하기 훨씬 전부터 시작해야 한다는 점이다. 20세기 후반 평균 수명이 매우 빠르게 늘어나고 있다는 사실이 처음 알려졌을 때, 나를 포함한 이들은 은퇴한 사람들이 비영리 기관의 자원봉사자로 많이 활동하리라고 예상했다. 하지만 그런 일은 일어나지 않았다. 40대 이전에 자원봉사를 시작하지 않으면 60세가 넘어서도 자원봉사를 하지 않았다.

이와 마찬가지로 내가 아는 사회적 기업가들은 전부 처음 경력에서 정점에 도달하기 훨씬 전부터 두 번째 경력을 시작했다. 대기업에서 법률 고문으로 성공한 어느 변호사가 고향에 시범학교를 설립하기 위해 벤처를 시작한 사례를 예로 들어보겠다. 그는 35세 무렵부터 학교를 위한 법률 자원봉사를 시작했고, 40세에는 학교 이사회에 선출됐다. 50세에 어느 정도 재산을 축적하자 직접 기업을 설립하여 시범학교를 세우고 운영했다. 그러나 그는 학교를 설립한 뒤에도 여전히 젊은 시절부터 일하던 로펌에서 수석 변호사로 일한다.

두 번째 관심 분야를 일찍 개발해야 하는 데는 또 다른 이유가 있다. 인생에서나 업무 경력에서나 심각한 좌절을 겪지 않고 살 수 있는 사람은 아무도 없다. 45세에 승진에서 배제되는 엔지니어, 42세가 되어서야 자격이 충분한데도 큰 대학의 교수로 임용될 수 없다는 사실을 깨닫는 대학교수가 대표적인 예다. 이 시기에 결혼 생활이 깨지거나 자녀를 잃는 등 가정생활에 비극이 생기기도 한다. 이럴 때는 두 번째의 주요한 관심사가 단순한 취미에서 그치지 않고 상황을 완전히 바꾸는 경우도 있다. 뒤늦게 자신이 직장에서 큰 성공을 거두지 못했다는 사실을 깨닫더라도 교회 회계 관리 같은 외부 활동에서 성공을 거두는 식이다. 만약 가정에 문제가 생기더라도 외부 활동에서나마 안온히 속해 있는 공동체가 존재한다면 위기를 극복할 수 있다.

그 어느 때보다도 성공이 중요해진 사회에서는 선택의 여지가 점점 더 중요해질 것이다. 과거에는 '성공'과 같은 개념이 존재하지 않았다. 압도적인 다수의 사람이 고대 기도문에 나오는 말처럼 '적절한 자리'에 머무르는 것 외에는 그 무엇도 기대하지 않았다.

지식 사회에서는 모두가 성공을 바란다. 하지만 이는 불가능한 일이다. 기껏해야 실패를 경험하지 않은 사람만 있을 뿐이다. 성공이 있는 곳에는 실패가 있기 마련이다. 따라서 누구나 자신이 기여하고 변화를 일으키며 의미 있는 존재가 될 수 있는 영역을 마련해야 한다. 다시 말해, 제2의 경력 혹은 본직과 병행하는 업무나 소셜 벤처 등에서 리더가 되고 존경받으며 성공할 기회를 제공하는 제2의 영역을 찾아야 한다.

자기경영은 중요한 과제다. 그 해답은 순진할 정도로 뻔해 보인다. 그러나 개인, 특히 지식노동자가 자기경영을 하기 위해서는 새로운 것, 기존에 없었던 태도가 필요하다. 실제로 자기경영을 하려면 각 지식노동자가 최고 경영자처럼 생각하고 행동해야 한다. 나아가 시키는 대로 하는 육체노동자에서 스스로 관리해야 하는 지식노동자로의 전환은 사회 구조적으로도 중대한 도전이다. 현존하는 모든 사회, 심지어 가장 개인주의적인 사회에서도 조직이 근로자보다 오래 버틴다는 점, 대부분의 사람이 현 상태를 유지한다는 점을 당연시한다. 하지만 오늘날에는 오히려 그 반대에 가깝다. 지식노동자는 조직보다 오래 버티며, 이동성이 뛰어나다. 따라서 자기경영은 선택이 아니라 생존을 위한 필수 조건이다.

피터 드러커는 오스트리아 출신의 미국 경영 컨설턴트이자 교육자, 작가로, 현대 기업의 철학적·실용적 토대에 기여한 저서를 여럿 집필했다. 대표작으로 《피터 드러커의 경영을 읽다The Peter F. Drucker Reader》(처음북스, 2024), 《피터 드러커의 자기경영노트The Effective Executive》(한국경제신문, 2020), 《피터 드러커의 최고의 질문Peter Drucker's Five Most Important Questions》(다산북스, 2017) 등이 있다. 경영 교육 발전의 선두주자이며 목표에 의한 관리 개념을 창안해 '현대 경영학의 아버지'로 불린다.

탁월한 경력을 설계하는 법

우리는 전례 없는 기회의 시대에 살고 있다. 야망과 추진력, 뛰어난 두뇌만 있다면 출발 지점이 어디든 스스로 선택한 직업의 정상까지 오를 수 있다. 하지만 기회에는 책임이 따른다. 오늘날 기업에서는 지식노동자의 경력을 관리해주지 않는다. 각자가 자신의 최고 경영자가 되어야 한다.

간단히 말해, 직장에서 자기 자리를 개척하는 것, 진로를 변경해야 할 때를 아는 것은 모두 개인의 몫이다. 그리고 약 50년에 걸쳐 일을 하는 동안 성실성과 생산성을 유지하는 것도 자신에게 달려 있다.

이 모든 일을 잘 해내려면 자신에 대한 깊은 이해가 필요하다. 자신의 가장 중대한 강점과 가장 위험한 약점은 무엇인가? 스스로 어떻게 배우고, 다른 사람들과 어떻게 협력하는가? 가장 중요하게 생각하는 가치는 무엇인가? 그리고 어떤 환경에서 가장 큰 공헌을 할 수 있는가?

요점은 간단하다. 각자 자신의 강점과 자기 지식의 조합을 적절히 조합하여 업무를 수행할 때만 진정하고 꾸준한 탁월함을 달성할 수 있다는 것이다.

탁월한 삶과 경력을 구축하고 싶다면 스스로에게 다음과 같은 질문을 던져보자.

나의 강점은 무엇인가?

강점을 정확하게 파악하려면 피드백 분석을 활용하라. 먼저 중요한 결정을 내릴 때마다 예상되는 결과를 적어보자. 그리고 몇 달 후, 실제 결과와 자신이 예상한 결과를 비교해보자. 이제 그 결과에서 패턴을 찾아본다. 나는 어떤 결과를 내는 데 소질이 있는가? 원하는 결과를 얻기 위해 어떤 능력을 향상해야 할까? 어떤 습관이 원하는 결과를 얻는 데 방해가 되는가? 개선의 여지를 파악할 때, 능력이 부족한 기술 분야를 개발하는 데 시간을 낭비하지 마라. 대신 강점에 집중하고 이를 바탕으로 능력을 강화하자.

나는 어떻게 일하는가?

어떤 방식으로 일할 때 가장 잘하는가? 정보를 처리할 때는? 정보를 읽을 때 가장 효과적인가, 아니면 다른 사람들의 의견을 들을 때 가장 효과적인가? 다른 사람과 함께 일할 때 가장 큰 성과를 거두는가, 아니면 혼자 일할 때 가장 큰 성과를 거두는가? 의사결정을 내릴 때 가장 성과가 뛰어난가, 아니면 다른 사람에게 주요 사안에 대해 조언할 때 가장 성과가 높은가? 스트레스를 받을 때 최적의 상태가 되는가, 아니면 예측 가능한 환경에서 최적의 기능을 발휘하는가?

나의 가치관은 어떠한가?

나의 윤리관은 어떠한가? 가치 있고 윤리적인 삶을 살기 위해 가장 중요한 책임이 무엇이라고 생각하는가? 조직의 윤리가 자신의 가치관과 일치하는가? 그렇지 않다면 직업 생활이 좌절과 부진한 성과로 점철될 가능성이 크다.

나는 어디에 속하는가?

자신의 강점, 선호하는 업무 스타일, 가치관을 깊이 살펴보자. 이런 특성을 바탕으로 판단하면 나는 어떤 업무 환경에 가장 잘 어울릴까? 자신에게 잘 맞는 환경을 찾으면 평범한 사람에서 놀라운 성과를 내는 사람으로 탈바꿈할 수 있다.

내가 기여할 수 있는 것은 무엇인가?

과거에는 조직이 구성원에게 무엇을 기여해야 하는지 지시했다. 이제는 구성원이 직접 선택한다. 자신이 조직의 성과를 가장 잘 높일 방법을 결정하려면 먼저 현재 상황에 무엇이 필요한지 스스로에게 물어보아야 한다. 나의 강점과 업무 스타일, 가치관을 바탕으로 가장 크게 기여할 방법은 무엇일까?

잠재력을 성장시키는 X 팩터를 찾아라

더글러스 레디, 제이 콩거, 린다 힐

어떤 사람은 유독 재능이 뛰어나다. 어느 조직에서나 그런 이들이 눈에 띈다. 논란의 여지가 있는 부분은 잠재력이 높아 보이는 사람은 어떤 대우를 받아야 하느냐는 점이다. 특별 대우에 반대하는 사람들은 모든 구성원이 어떤 방면으로든 재능이 있으므로 모두에게 동등한 성장의 기회를 제공해야 한다고 주장한다. 소수에게 불균형적으로 에너지와 자원을 투입하면 다수가 지닌 잠재력을 간과할 수 있다고 여기기 때문이다. 하지만 의견 차이는 여기서 멈추지 않는다. 잠재력이 높은 사람이 누구인지, 그리고 그 선정 절차를 철저히 비밀에 부쳐야 한다는 의견도 있다. 95퍼센트나 되는 다른 사람들의 동기를 꺾을 이유는 없지 않은가?

잠재력이 높은 사람을 발굴하고 리더로 성장시키기 위한 프로그램 연구의 일환으로 전 세계 45개 기업을 대상으로 이런 인재를 발굴하고 육성하는 방법을 조사했다. 그리고 그중에서 12개 기업의 인사 담당 임원들을 인터뷰하여 그들이 잠재력이 높은 인재에게 제공하는 경험과 그 명단에 이름을 올리고 유지하기 위한 기준에 대한 통찰력을 얻었다. 그러고 나서 인사 담당자들의 의견을 바탕으로 그들이 유망주로 선정한 관리자들을 만나 인터뷰를 진행했다.

조사 결과, 기업에서 인정하든 인정하지 않든, 인재 개발 절차가 공식적이든 비공식적이든, 모든 기업에 잠재력이 높은 구성원의 이름을 정리한 목록이 존재했다. 조사에 참여한 기업 중 98퍼센트는 잠재력 높은 인재를 의도적으로 발굴한다고 답했다. 투자할 수 있는 자원이 한정된 기업은 조직의 미래를 이끌어 나갈 인재 개발에 더욱 큰 관심을 쏟는다.

그렇다면 어떻게 해야 잠재력이 높은 사람으로 주목 받을 수 있을까? 뒤에서 이 질문에 대한 답을 찾을 수 있을 것이다. 어느 정도 만족스러운 경력을 쌓아가고 있으면서도 여전히 자신이 진정으로 원하는 곳으로 가는 방법을 고민하는, 똑똑하고 유능하며 근면하고 믿음직한 이들에게 이 글을 바친다.

우선 우수하다는 평가를 받는 관리자의 구체적인 자질을 살펴보자.

잠재력이 높은 사람들의 비밀

잠재력이 높은 사람의 정의부터 이야기해보겠다. 회사마다 정의가 다르거나, 공식적으로는 잠재력이 높은 사람을 따로 구분하지 않을 수도 있다. 하지만 연구에 따르면 기업들은 상위 3~5퍼센트의 인재를 다음과 같이 생각하는 경향이 있다.

> 잠재력이 높은 인재는 다양한 환경과 조건에서 동료보다 일관적으로 유의미하게 뛰어난 성과를 낸다. 우수한 성과를 달성하는 동시에 회사의 문화와 가치를 반영해 모범적으로 행동한다. 또한, 조직 내에서 동료보다 더 빠르고 효과적으로 성장하는 등 강력한 역량을 보여준다.

이것이 잠재력이 높은 사람의 기본이다. 이 엘리트 집단에 속하고 싶다면 다음 3가지 필수 요소부터 갖춰야 한다.

탄탄하고 신뢰성 있는 결과를 제공한다

실적도 중요하지만 그것만으로는 충분하지 않다. 눈에 띄는 성과를 내지 못하거나 다른 사람을 희생시켜서 얻은 결과라면 결코 잠재력이 높다고 할 수 없기 때문이다. 역량은 높은 성과를 내기 위해 필요한 기본 자질이다. 하지만 신뢰성 또한 증명해야 한다. 신뢰성이란 동료들 사이에서 믿음과 신뢰를 쌓아 다양한 이해관계자에게 영향을 미치는 능력을 뜻한다.

인사 부서에서 잠재력이 높은 인재로 주목하는 은행 임원 재키 굿원의 사례를 살펴보자. 재키는 보험 부서에서 시작했지만 성장의 여지가 더 많아 보이는 은행 분야로 경력 전환을 시도했다. 재키의 일반적인 관리 능력은 높은 평가를 받았고, 보험업계 내 금융 서비스 분야에서 입증된 실적 기록도 보유하고 있었다. 은행 측에서는 새로운 피를 수혈하고 싶어 했고, 이 지역에서 승계 계획도 부족했던 터라 재키는 외부인으로서 좋은 입지를 구축했다. 실제로 재키의 실적은 내부자 못지않게, 아니 그보다 더 탄탄했다.

은행 사업부에서는 재키에게 유럽에서 두 번째로 큰 사업체인 독일 지사의 부사장 겸 지역 운영 책임자 자리를 제안했다. 다소 불리한 조건이었지만 재키는 이를 수락했다. 그 분야에서 평판을 아직 쌓지 못했고, 재키 자신도 은행 업무에 대해 아는 것이 별로 없었기 때문이다. 경험이 있는 사람을 원했던 지사장의 강요도 있었다. 재키의 가장 큰 과제는 신뢰를 얻는 것이었다. 독일 직원들은 자체적으로 사업을 운영하는 데 익숙했기 때문에 재키는 팀을 자기편으로 만들지 못하면 그 분야에서 성공하지 못하리라 판단했다.

재키는 새로운 동료들을 돕는 것을 최우선 과제로 삼았다. 처음 3주 동안 수십 명의 관리자를 만났고, 엄청나게 많은 것들을 새로 배워야 한다는 사실을 깨달았다. 오랫동안 독일 지사의 발목을 잡았던 문제에서 작은 성과를 거두는 데도 집중했다. 신규 계좌 개설 절차를 간소화하는 일이 대표적이었다. 또 회의적인 상사를 위해서 가능한 한 상사의 부담을 덜어주고자 했다. 재키는 상사에게 이렇게 물었다. "원래대로라면 시간이 많이 걸리지만 그래도 90일 이내에 해결됐으면 하는 일이 있나요?" 그러고 나서 재키는 곧장 일을 시작했다. 한 가지 예로, 상사가 갈등을 꺼렸기에 재키는 계획 절차를 재설계하고 의사결정권 문제를 마무리 짓는 등 갈등이 발생할 여지를 줄였다. 그러면서 문제 해결사로서의 명성을 얻었고 영향력도 꾸준히 늘어갔다. 현재 재키는 은행의 상업 대출 업무를 총괄하고 있으며, 여전히 유망주로 인정받고 있다.

새로운 전문 지식을 습득한다

경력 초기에 주목받기 위해서는 직무에 필요한 기술적인 전문 지식을 전부 습득해야 하고, 경력을 쌓아가며 전문 영역을 점차 넓혀야 한다. 경력이 쌓이면 점차 더 큰 팀으로 이동하거나 더 높은 직위를 얻기 마련인데, 이런 자리를 맡으면 비록 권한은 제한적이더라도 부하직원과 동료에게 영향력을 행사해야 하는 일이 생긴다. 높은 위치로 갈수록 기술적인 탁월함보다는 전략적 사고와 타인에게 동기를 부여하는 기술이 더 중요하다. 그리고 어느 시점부터는 무언가를 더하는 것보다 포기하는 기술이 필요해진다. 말하자면 엔지니어로서 성공하는 동시에 디자인 팀을 이끄는 리더가 될 수는 없다.

어떤 사람은 이를 혹독하게 깨우친다. 재능이 뛰어난 소프트웨어 엔지니어 루크는 비교적 짧은 경력에도 수많은 상을 탔다. 루크의 잠재력을 확신한 관리자는 새로운 프로그램 개발 팀의 책임자로 그를 발탁했다. 지금까지와는 완전히 새로운 범주의 사용자를 위한 제품 확장 프로그램을 개발하는 일이었다. 루크는 주위의 호평을 받으며 기꺼이 도전에 나섰지만, 그 일을 해내기 위해서는 기술만으로 충분하지 않다는 사실을 알지 못했다. 루크는 몇 번이나 마감을 지키지 못했고, 결국 회사 경영진은 프로젝트 관리에 전문성을 갖췄으며 기술적으로 유능한 다른 직원을 개발팀의 담당자로 배치했다. 루크는 기술 전문가로서는 뛰어난 경력을 쌓았지만, 경영인으로서는 실패했다.

중요한 행동이 무엇인지 파악한다

경력 초기에는 성과만으로도 눈에 띄고 승진할 수 있지만, 계속해서 잠재력이 높다고 평가받게 하는 요인은 행동이다. 기술도 물론 중요하지만 이는 당연히 갖추어야 할 필수 조건이다. 누구나 선망하는 잠재력이 높다는 평가를 받기 위해서는 '직무에 적합하고 적응력이 높은 인재'에서 '롤모델 및 교사'로 행동 양식을 전환했음을 증명해야 한다.

필 놀란이 세탁 제품 시장을 선도하는 회사의 임원 자리에 오를 수 있었던 이유는 롤모델로서의 자질 덕분이었다. 필은 회사의 핵심 제품인 액체 세제의 매출이 수년간 하락세를 보이는 상황에서 이 제품을 맡았다. 필 이전에는 마케팅 관리자 둘이 그 프로젝트를 이끌며 가격 인하 전략을 시도했지만 아무 소용이 없었다. 이제 필의 차례였다. 하지만 필은 제품 개발 경력만 있었을 뿐, 마케팅에 대한 경험이 전무한 검증되지 않은 후보였다.

다행히도 경영진은 문제가 많았던 제품 개발 영역에서 팀워크를 촉진해서 전환을 일궈낸 필에게서 더 큰 가능성을 봤다. 신망이 두터웠던 필은 사업상의 과제에 대해 솔직한 대화를 나눴고, 그 결과 문제의 핵심을 빠르게 파악해 실행 가능한 해결책을 찾을 수 있었다. 그는 사람들에게 동기를 부여하는 능력이 탁월할 뿐 아니라, 패턴을 파악하는 안목이 예리하고 전략적 비전도 뛰어났다. 그리고 이 모든 기술을 새로운 업무에 적용했다.

새로운 역할을 맡은 지 1년도 안 되어 필은 팀을 이끌고 제품 매출을 30퍼센트 성장시켰다. 임원은 사람들을 사로잡는 필의 능력을 높이 샀다. "필은 브랜드를 대표하는 사람이 됐는데도 여전히 겸손합니다. 동료들에게 위협이 되기보다 동료들이 성공할 수 있게 도와주지요. 필은 우리 조직의 롤모델입니다."

높은 잠재력을 결정짓는 X 팩터

모든 일을 제대로 하고 있다면 빠르게 성과를 낼 수 있을 것이다. 점점 더 복잡해지는 과제를 소화하면서 새로운 전문 분야에도 익숙해질 것이다. 속한 조직의 문화와 가치를 내면화하는 것은 물론이거니와 자신감이 넘치고 다른 사람들의 존경을 받기도 할 것이다. 주당 50시간씩 근무하면서 좋은 평가를 받고 있을지도 모른다. 그러나 잠재력이 높은 상태를 유지하기는 쉽지 않다.

평범한 사람과 잠재력이 높은 사람을 구분하는 진정한 차별화 요소, 즉 'X 팩터'는 눈에 띄지 않으며, 리더십 역량 목록이나 성과 검토 양식에도 나타나지 않기 때문에 이런 사실이 실망스럽게 느껴질 수도 있다. 먼저 잠재력을 높게 유지하는 데 힘을 실어줄 요소를 살펴보자.

첫 번째 X 팩터: 탁월함을 향한 추진력

잠재력이 높은 사람은 단순히 높은 성과를 거두는 데 그치지 않는다. 이들에게는 성공을 향한 열망이 있다. 잘하는 것, 심지어 아주 잘하는 것으로도 충분하지 않다. 이들은 기꺼이 더 많은 노력을 기울이며, 발전을 위해서 개인적인 생활을 어느 정도 희생해야 한다는 것도 안다. 그렇다고 해서 자신의 개인적 가치에 충실하지 않다는 뜻은 아니다. 하지만 때로는 순전히 야망 때문에 상당히 어려운 선택을 하기도 한다.

두 번째 X 팩터: 촉매적 학습 능력

흔히 잠재력이 높은 사람을 끊임없이 배우는 사람이라고 생각한다. 하지만 학습은 계속할지라도 거기에 행동 지향성이나 결과 지향성이 부족한 사람이 많다. 우리가 만났던 잠재력 높은 사람들에게는 '촉매적 학습 능력catalytic learning capability'이 있었다. 이는 화학 반응을 촉진하는 촉매catalyst처럼 학습을 통해 조직의 변화와 혁신을 촉진하는 능력을 뜻한다. 새로운 아이디어를 찾아내서 흡수하는 인지 능력, 새로 무언가를 배우면 이를 바로 고객 또는 조직을 위한 생산적인 행동으로 전환하는 활용 능력 등이 이에 속한다.

세 번째 X 팩터: 진취적인 정신

잠재력이 높은 인재는 항상 새로운 길을 개척하기 위해 생산적인 방법을 찾는다. 이들은 탐험가에 가깝다. 발전을 위해 주기적으로 안전지대를 벗어나는 도전을 감행한다. 까다로운 해외 파견이나 완전히 새로운 기술을 요구하는 부서로 이동하는 것과 같은 위험한 행보가 대표적이다. 잠재력이 높은 사람들의 성공하려는 욕망을 생각해보면 그들이 이런 기회를 꺼린다고 여길 수도 있다. 하지만 이들은 흥미와 기회에서 비롯되는 장점이 위험보다 더 크다고 본다.

네 번째 X 팩터: 외부 인식 능력

뛰어난 성과를 내려는 욕구와 진취적인 정신이 새로운 접근 방식을 찾고자 하는 충동과 결합하면 오히려 재앙을 부르기도 한다. 잠재력이 높은 사람은 여러 가지 이유로 잘못된 길에 빠질 수 있다. 좋은 기회처럼 보이는 제안을 충동적으로 수락했다가 뒤늦게 그 제안이 경력을 확장할 기회가 없는 단기적인 일이거나, 장기적인 이력에 도움이 되지 않는다는 사실을 깨닫는 식이다. 남을 기쁘게 하려는 욕구에서 비롯되는 문제도 있다. 잠재력이 높은 사람은 상사와의 공개적인 의견 차이를 피하거나 동료가 실망할지도 모르는 솔직한 피드백을 주지 못할 수도 있다.

하지만 잠재력이 높은 사람에게는 판단력 외에도 '외부 인식 능력dynamic sensor'이라는 것이 있어 이런 위험을 피해갈 수 있다. 타이밍을 잘 맞추는 감각, 상황을 빠르게 읽어내는 능력, 기회를 포착하는 촉각도 있다. 진취적인 기질 때문에 어리석은 결정을 내리더라도, 이런 감지력 덕분에 언제 무언가를 추구하고 언제 물러나야 하는지 등을 잘 안다. 잠재력이 높은 사람에게는 적당한 때에 적당한 장소를 찾아가는 요령이 있다.

X 팩터가 발현되는 방식

이쯤에서 잠재력이 높은 사람을 예로 들어 경력을 구체적으로 들여다보자. 여기에서는 스위스 의료기기 업체인 신테스에서 일하는 비니트 카푸르의 이력을 살펴보려 한다. 비니트가 일하는 신테스는 30억 달러 이상의 매출을 자랑하며 골격 및 연조직의 수술과 재생에 사용되는 임플란트, 생체 재료를 제조하고 판매하는 기업으로, 비니트는 여기서 유망주라는 평을 받았다.

학창 시절 비니트는 과학에 관심이 많았고, 인도와 같은 신흥 경제국 사람들의 삶을 개선하고자 하는 열정을 품었다. 기본적인 비전은 그대로였지만, 이후 그의 경력은 예상치 못한 길로 접어들었다. 대학을 졸업한 후, 그는 회계학을 선택했다. 재무 지식은 어떤 분야에서든 도움이 되리라는 생각에서 내린 결정이었다. 그는 인도의 회계법인 A.F.퍼거슨에 입사했다(2004년 결국 딜로이트에 인수됐다). 그런 다음 (언스트앤영과 합병한) 아서앤더슨으로 자리를 옮긴 후, 다시 인도 구르가온에 있는 KPMG로 자리를 옮겨 인도 업무를 총괄하는 상사 아래서 일했다. 급여는 이전보다 낮아졌지만, 사업을 어떻게 구축하는지 배울 수 있는 기회였다.

컨설팅 경력을 쌓는 동안 또 다른 흥미로운 기회가 찾아왔다. 2002년 미국에서 사베인스옥슬리법(기업의 재무 보고와 회계 투명성을 강화하고 금융부정행위 방지를 목적으로 만들어진 법-옮긴이)이 법제화됐을 때였다. 규정을 준수해 일하면 상당한 보상을 받을 수 있었지만, 신흥 경제국에서 일을 배워 커다란 변화를 일으키고자 하는 비니트의 우선순위와는 맞지 않았다. 그는 결국 신테스로 자리를 옮겼고, 이곳에서 그의 X 팩터를 마음껏 펼쳤다.

탁월함을 향한 추진력 측면

성공에 대한 열망은 사람을 벼랑 끝으로 몰아가기도 한다. 이때는 본능을 잘 다스려야 한다. 비니트는 항상 자기보다 높은 자리에 있는 사람처럼 생각해야 한다고 결심했다. 그러기 위해서는 동료와 상사를 당혹스럽게 할 정도로 많은 질문을 해야 했지만, 그는 끊임없는 질문과 만족할 줄 모르는 열망 사이에서 적당한 균형을 유지했다. 비니트의 헌신을 의심하는 사람은 아무도 없었고, 비니트의 야망은 개인적인 성공에만 국한되지 않았다. 인도 지사장으로서 그는 동료들의 공헌을 기념하고 공통의 가치를 강조하는 150페이지 분량의 책을 집필하기도 했다. 이 책은 신테스 인도 지사에서 교과서 같은 역할을 했고, 직원들은 책이 무척 유용하다고 평가했다. 이 책은 큰 화제를 불러일으켜 회사를 떠났던 이들 중 일부가 돌아오기도 했다. 이 책을 통해 조직에 활력이 생긴 덕분이었다.

비니트는 그저 출세하고 싶다는 욕망에 이끌리지만은 않았다. 그를 움직인 원동력은 그가 지닌 본연의 열망이었다. 이를 위해 그는 85페이지 분량의 사업 계획서를 작성했는데, 이 계획서에는 오지를 포함한 인도 외과 의사 모두에게 세계적 수준의 교육을 제공하겠다는 비전이 담겨 있었다. 신테스의 CEO는 비니트의 계획으로 회사가 인도를 바라보는 시각이 바뀌었다고 말했다.

촉매적 학습 능력 측면

신테스 전략 회의를 위해 미국으로 출장을 갔을 때, 비니트는 '벽에 붙은 파리(fly on the wall, 어떤 일에 실패했을 때 파리가 된 것처럼 스스로를 제삼자의 입장에서 바라보면서 힘든 일을 극복해나가는 현상-옮긴이)'가 되기 위해 미국 영업사원들과 함께 시간을 보냈다. 체류기간 동안 비니트는 영업사원들과 수십 차례의 영업 상담에 나섰다. 자신의 성장 전략으로 CEO의 관심을 끌어본 비니트는 다양한 구성원의 도움이 있어야만 회사가 성장할 수 있으리라고 판단했다. 그는 미국 영업사원들에게서 배운 내용을 바탕으로 인도를 위한 새로운 영업사원의 역량을 정의했다. 인도 시장에는 기업가 정신이 필요했다.

진취적인 정신 측면

비니트에게 가장 어려운 부분은 업무적으로나 개인적으로나

잠재력이 높은 인재를 공개하는 것이 좋을까?

잠재력이 높은 인재 명단을 투명하게 공개해야 할까? 이는 끊임없이 제기되는 질문이다. 기업 내에서 투명성을 추구하는 경향이 점점 커져가고 있기 때문이다. 잠재력이 높은 자사 인재 현황을 공개하는 기업의 비율은 1990년대에 70퍼센트였지만 2000년대 중반에는 85퍼센트로 증가했다. 기업은 인재를 다른 자산과 마찬가지로 이동할 수 있는 전략적 자원으로 인식했다.

그런데 잠재력이 높은 인재의 목록을 투명하게 공개하면 그 목록에 있는 사람들과 무언가를 해야 한다는 압박감이 커진다. 누군가에게 그 사람을 장차 리더로 보고 있다고 말한다면, 눈에 띄는 조치로 이 말을 뒷받침해야 한다. 그렇지 않으면 대상자가 조종당한다고 느끼고 심지어 동기가 사라질 수도 있기 때문이다. 이로 인해 어느 기업에서 폭동에 가까운 사태가 벌어질 뻔하기도 했다. 사건을 일으킨 잠재력 높은 인재 집단은 '속았다'라는 느낌이 들었다고 말했다. 그들을 잠재력 높은 인재로 꼽은 것은 기업에서 인재를 보유하려는 전략일 뿐, 실제로 승진시키려는 계획은 없었다는 것이다.

정리하자면 두 접근 방식 모두 위험이 따른다. 목록을 공개하지 않으면 최고의 성과를 내는 인재를 잃을 수 있고, 투명성을 선택하면 그 행위에 따르는 기대치가 높아질 수 있다.

안전지대를 벗어나야 한다는 점이었다. 그는 미국으로 이주해야 하는 자리를 포함하여 여러 기회를 거절했다. 하지만 결국 아시아 태평양 지역의 전략 구상팀 팀장을 맡았고, 이로 인해 인도를 떠나 싱가포르로 이주해야 했다. 비니트는 이주를 준비하기 위

해 1년간 일부는 미국 본사에서, 나머지는 스위스에 있는 유럽 본사에서 근무했다. 그는 개인적인 업무 방식을 유지하면서 새로운 전략을 개발해야 했다. 그는 지역 관리자로서 팀을 이끄는 방법은 알았지만 다른 지역의 관리자들을 지원하는 업무는 힘에 부쳤다. 자기 사업체를 운영하고 그 손익을 책임지는 일은 좋아했다. 그러나 새로운 업무에서는 직접 통제하기보다 지원 역할을 수행하면서 일을 처리해야 했다.

외부 감지 능력 측면

잠재력이 높은 인재들은 존경과 부러움을 동시에 받으며, 이 모든 상황이 스트레스의 원인이 된다. 진정으로 잠재력이 높은 사람은 이런 사실을 이해하고 주위의 적대감을 줄이기 위해 노력한다. 비니트는 주위에서 자신을 어떻게 보는지를 중요하게 생각했다. 29세의 나이에 처음 인도 지사장 자리를 제안받았을 때, 그는 다른 사람들이 자신을 너무 어리거나 미숙하게 볼지도 모른다는 생각에 거절하려 했다. 다른 사람의 인식을 의식하는 태도는 높은 잠재력을 드러내는 결정적인 특성이다.

X 팩터를 개발하는 법

잠재력이 높은 인재들의 X 팩터는 리더십 역량 모델에 나타나지 않을 뿐 아니라 강의실 환경에서는 가르치고 배우기 어렵다. 그렇지만 X 팩터를 개발할 가능성을 높일 수는 있다.

첫 번째 단계는 자신의 부족한 부분을 인지하는 것이다. 예를 들어, 문제가 발생할 때마다 매번 당황하는 사람이라면 외부 감지 능력이 그리 좋지 않을 가능성이 높다. 다른 사람의 말을 주의 깊게 듣고, 내가 한 말에 대한 반응을 관찰하고, 관계 네트워크를 재조정하는 등 주변을 파악하는 방법을 배우면 조직이 원하는 새로운 비즈니스 기회에도 더 잘 적응할 수 있다.

또한 촉매적 학습에는 직접적인 행동이 필요하다. 행동을 바꾸지 않고 배우기만 하면 기회를 망칠 뿐이다. 추진력이나 진취적인 정신을 개발하기는 어려워도, 성찰을 통해 더 적극적으로 행동하고 도전할 수 있다. 결국 자기 성찰에 시간과 에너지를 투자해야 한다. 코치나 멘토에게서 조언을 구하는 한편, 조언자의 도움을 받은 이후 언제 독립해야 하는지도 파악해야 한다.

유능한 인재를 놓치지 않는 조직의 특징 3C

잠재력이 높은 인재 파이프라인을 육성할 때는 다음과 같은 원칙을 따라야 한다.

- **명확하게 설명한다** Be Clear: 조직이 미래를 위해 필요로 하는 기술과 행동 양식, 그리고 이런 특성이 중요한 이유를 구성원들에게 명확히 설명해야 한다.
- **일관성 있게 행동한다** Be Consistent: 인재를 개발하는 방식에 일관성이 있어야 한다. 경기가 좋을 때는 '모두를 위한 개발'이라는 사고방식을 적용하다가 경기가 나빠지면 과감한 삭감을 단행하지 마라.
- **창의적으로 생각한다** Be Creative: 다음 세대에 대해 창의력을 발휘해야 한다. 당신의 기준에 맞지 않는 상하이 출신의 마케팅 매니저가 미래의 성공을 위해 필요한 인재일 수도 있다.

잠재력 높은 인재라는 부담감을 이겨내기

일을 통해 조직의 미래에 기여하고 있다고 인정받는 것은 물론 멋진 일이지만, 잠재력이 높은 사람이라는 위치에는 대가가 따른다. 우선 얼마나 오래 잠재력이 높은 상태를 유지해야 하는지 정해진 기간이 없다. 언제든 명단에서 빠질 수 있고, 어떤 사람은 시간이나 열정이 없다는 이유에서 자발적으로 물러나거나 저절로 명단에서 누락된다. 조직에서 잠재력이 높은 인재로 남기는 쉽지 않으며, 자의든 타의든 매년 5~20퍼센트가 목록에서 탈락한다.

잠재력이 높은 인재 목록에서 탈락하는 이유 중에는 새로운 역할로의 전환이 원활하지 않은 경우, 2년 연속 성과가 감소한 경우, 조직의 문화와 가치에 부합하지 않는 행동을 한 경우, 눈에 띄게 큰 실패를 한 경우 등이 있다. 가장 극적인 낙오 사례는 아래에서 살펴볼 선두적인 금융 서비스 회사의 최고 기술 책임자 자리로 승진한 마르타라는 임원의 사례다.

마르타는 뛰어난 기술력을 갖추고 매우 영리하며 잠재력이 높은 인재였다. 하지만 그 영리함이 마르타의 앞길에 방해가 됐다. 마르타는 새로운 기술 애플리케이션이 필요한 고객과 이야기하느라 '시간을 낭비'하고 싶지 않았다. 고객의 요구와 기대에 부합하는지와 관계없이 마르타는 '정답을 알고 있다'고 생각했다. 마르타는 외부 감지 능력과 촉매적 학습 능력을 갖추지 못했다. 마르타는 똑똑했지만 현명하지 않았고, 하다못해 코칭도 효과가 없었다. 해고하기에는 너무 아까운 인재였지만 다른 도리가 없었다.

잠재력이 높은 인재로 선정되면 발전을 위해 개인적인 생활을 희생해야 할 때도 있다. 어떤 사람은 기꺼이 직업을 자주 바꾸지만, 다른 사람에게는 직업을 바꾸는 일 자체가 가족 관계와 여러 측면에서 엄청난 스트레스를 유발하는 요인이 되기도 한다. 이런 사람에 대한 주변의 기대치가 높기 때문에 주목받지 못한 동료들은 은연중에, 아마 무의식적으로 그가 실패하기를 바라거나 상사의 눈 밖에 나길 바랄 만큼 원망할 수도 있다.

잠재력이 높은 인재로 주목 받는 일 자체가 성장의 기회가 되기도 한다. 그러므로 이를 목표로 삼는 것도 의미는 있다. 하지만 주목받을 방법뿐 아니라 애초에 왜 자신이 그런 사람이 되고 싶은지를 알아야 한다. 이를 위해 충분한 성찰 과정이 필요하다. 잠재력이 높은 인재로 주목받을 준비가 됐는가? 정말 그 위치에 오르기를 바라는가? 그렇다면 실제로 이 목표를 달성했을 때의 보상은 어마어마하다. 하지만 그렇지 않다면 그 열정을 다른 데투자하라. 그 답이 무엇이든 잊지 말아야 할 사실이 있다. 성과는 늘 중요하다. 하지만 점차 성장해나가면서 어떤 행동을 취하느냐가 점점 더 중요해진다. 이때 X 팩터가 비밀 무기가 되어줄 것이다.

더글러스 레디는 매사추세츠공과대학교 슬론 경영대학원의 선임 강사로, 조직 효율성에 관한 연구를 한다. 전략적 인재 관리에 관한 세계적인 권위자이며 〈하버드 비즈니스 리뷰〉를 비롯해 〈파이낸셜 타임즈〉, 〈포춘〉, 〈월스트리트 저널〉 등에 인재 경영과 관련된 내용을 담은 기사를 기고했다. 경영자개발연구국제컨소시엄The International Consortium for Executive Development Research. ICEDR의 설립자 겸 회장이다.

제이 콩거는 리더십 개발 분야의 전문가로, 클레어몬트맥케나칼리지의 연구 교수다. 〈포춘〉에서 선정하는 1,000대 기업이 경영 교육을 위해 찾는 세계적인 경영 교육자로, 《높은 잠재력의 우위The High Potential's Advantage》(2017), 《설득의 기술The Necessary Art of Persuasion》(2008) 등을 집필했다.

린다 힐은 하버드 경영대학원의 경영학 교수다. 조직행동 분야의 세계적인 석학으로, 《보스의 탄생Being the Boss》(시드페이퍼, 2015), 《집단적 천재성Collective Genius》(2014), 《관리자 되는 법Becoming a Manager》(2003)을 집필했다.

긍정적 피드백이
최고의 강점을 끌어낸다

로라 모건 로버츠, 그레첸 스프리처, 제인 더튼, 로버트 퀸,
에밀리 히피, 브리애나 바커 카자

일반적으로 피드백 과정에서는 부정적인 면이 강조된다. 전반적인 평가가 긍정적이더라도 논의는 항상 '개선점'에 초점을 맞춘다. 또한 따끔한 비판이 부드러운 칭찬보다 더 오래 기억에 남는다. 연구에 따르면 사람들은 부정적인 정보에 더 많은 주의를 기울인다. 예를 들어, 감정적으로 큰 영향을 미친 사건을 떠올려보라고 하면 긍정적인 기억을 하나 떠올릴 때마다 부정적인 기억은 4개쯤 떠올리는 식이다. 그러니 조직 구성원 대부분이 치과에 가는 어린아이처럼 요란하게 업무 평가를 주고받는 것도 놀라운 일은 아니다.

물론 전통적인 교정 피드백도 여전히 필요하다. 실패한 사람을 걸러내고 전 구성원이 일정 수준의 역량을 발휘할 수 있게 해야 하기 때문이다. 하지만 결점에 집중하는 피드백을 받으면 당사자는 약점을 보완하거나 숨기는 데 신경을 쓰고, 때로는 자신에게 잘 맞지 않는 역할을 해내야 한다는 생각에 시달리기 마련이다. 그리고 이처럼 결점에 집중하다 보면 오히려 최고의 성과를 거두기 어렵다. 어떤 포지션에서든 똑같이 잘하는 야구 선수는 드물다. 타고난 3루수가 왜 우익수의 기술을 개발하기 위해 노력해야 하는가?

갤럽의 연구진 마커스 버킹엄Marcus Buckingham과 도널드 클리프턴Donald Clifton 등은 3루수에게 우익수의 기술을 가르치는 대신 3루수의 고유한 강점을 파악하고 이용함으로써 뛰어난 3루수를 육성해야 한다고 주장한다. 비판을 기억하면서도 칭찬에 반응하는 것이 인간의 역설적인 심리다. 비판을 받으면 방어적으로 대응하여 변하지 않으려 하는 반면, 칭찬을 받으면 자신감이 생기고 더 나은 성과를 내고자 하는 욕구가 강해진다. 그리고 강점을 키우면 최고의 잠재력을 발휘할 수 있다. 이런 긍정적인 접근 방식은 전통적인 피드백 메커니즘으로 발견한 문제를 무시하거나 부정하지 않는다. 오히려 부정적인 피드백을 상쇄하는 별도의 고유한 피드백 경험을 제공한다. 이를 통해 자신이 이전부터 알고 있었거나 혹은 그때까지 미처 깨닫지 못했던 강점을 활용해 더 높은 성과를 낼 수 있다.

이를 위해 저마다 가진 재능을 찾아 활용하는 방법을 개발하려는 시도가 있었다. 앞으로 소개할 최상의 자아 재발견Reflected Best Self. RBS 연습은 긍정조직학이라는 연구 분야에서 나온 새로운 접근법으로, '자신이 생각하는 스스로의 최상의 모습'이 무엇인지 발견하고 미래의 잠재력을 높여준다. 사람들이 비판보다 칭찬에 더 잘 반응하듯이, 기업에게는 회복탄력성과 신뢰 같은 긍정적인 속성에 집중할 때 높은 수익률을 거둘 수 있다. 전 세계 경영대학원에 재학 중인 차세대 리더뿐만 아니라 수천 명의 기업 임원이 RBS 연습을 거쳤다.

이 글에서는 RBS 연습을 단계별로 안내하고 이를 통해 얻을 수 있는 통찰과 결과에 관해 설명할 것이다. 하지만 그 전에 몇 가지 주의할 사항이 있다. 첫째, RBS 연습은 개인의 자아를 만족시키기 위함이 아니라 보다 효과적으로 행동하기 위한 계획을 개발하는 데 도움을 주기 위해 고안됐다(이런 계획 없이는 계속 제자리걸음만 하게 될 것이다). 둘째, RBS 연습에서 얻은 교훈은 진지하게 주의를 기울이지 않으면 잊어버리기 십상이다. 시간 압박과 업무에 대한 부담이 크면 정보를 정리만 하고 잊어버릴 수도 있다. 효과적인 결과를 얻기 위해서는 이 연습에 집중하면서 부지런히 후속 조치를 취해야 한다. 코치의 도움을 받는 것도 도움이 된다. 셋째, 전통적인 부정적 피드백으로 인해 이 연습에 방해를 받지 않도록 기존의 업무 평가와는 다른 시기에 RBS 연습을 실시하는 것이 좋다.

RBS 연습을 제대로 마치면 미처 인식하지 못했거나 발견하지 못했던 잠재력을 끌어낼 수 있다. 나의 최상의 자아는 어떤 모습인지 데이터를 수집하고 분석하면 건설적이고 체계적으로 업무 성과를 더욱 높일 수 있을 것이다.

1단계: 피드백을 요청하라

첫 번째 과제는 회사 안팎의 다양한 사람들로부터 피드백을 수집하는 것이다. 가족, 과거 및 현재 동료, 친구, 선생님 등 여러 정보원으로부터 의견을 수집함으로써 표준 성과 평가에서보다 훨씬 더 폭넓고 풍부하게 스스로를 이해할 수 있다.

로버트 더건의 사례를 통해 RBS 연습 과정을 자세히 살펴보자. 로버트는 젊은 나이에 군에서 성공적으로 경력을 쌓고 은퇴한 후 경영대학원에서 MBA를 취득했다. 그리고 IT 서비스 회사에 취직해 중간 관리자가 됐는데, 자격 요건과 리더십 경험을 충분히 갖췄는데도 좀처럼 승진하지 못했다. 업무 평가는 대체로 좋았지만 잠재력이 높은 인재로 평가될 만큼 탄탄하지는 않았다. 위축되고 좌절하고 낙심한 로버트는 점점 더 스트레스를 받고 회사 생활에 환멸을 느꼈다.

피드백 요청하는 법

다음은 가족, 친구, 교사, 동료에게 피드백을 요청할 때 사용할 수 있는 요청문의 샘플이다.

동료 여러분, 저는 현재 개인적인 발전 계획을 세우고 있습니다. 이 과정의 일환으로 저와 긴밀하게 일해본 경험이 있는 분들로부터 피드백을 수집하여 저의 강점을 찾고 발전하는 데 도움을 받고자 합니다. 여러분이 기꺼이 생각을 공유해주셨으면 좋겠습니다.

여러분이 보시기에 업무상 저의 강점은 무엇이라고 생각하시나요? 2~3가지만 말씀해 주셔도 큰 보탬이 될 것이며, 제가 이런 강점을 의미 있게 활용했던 구체적인 사례를 들어주신다면 더욱 감사하겠습니다. 여러분의 솔직한 피드백과 사례를 통해 더욱 발전할 수 있도록 노력하겠습니다.

시간을 내주셔서 감사합니다.

진심을 담아, X

로버트는 성과를 개선하기 위해 임원 교육 프로그램에 등록하고 RBS 연습에 참여했다. 그리고 연습의 일환으로 자신을 잘 아는 과거와 현재의 동료 11명으로부터 피드백을 수집했다. 아내와 다른 가족 2명, MBA 프로그램에서 만난 친구 2명, 군대 시절 동료 2명, 그리고 현재 동료 4명이었다.

로버트는 이들에게 자신의 강점이 무엇인지 물어보고, 이런 강점을 그들, 가족이나 팀, 또는 조직에 의미 있게 사용한 구체적인 사례를 이야기해달라고 요청했다.

많은 사람이 긍정적인 피드백만을 요청하는 일을 불편하게 여긴다. 특히 그 상대가 업무상 동료라면 더욱 그렇다. 여러 번의 평가를 거치며 강점과 약점을 동시에 듣는 데 익숙한 사람들은 긍정적인 내용만 담긴 피드백을 비현실적이라거나 심지어 거짓말이라고 생각한다. 또는 응답자가 이런 요청을 자기중심적인 요청으로 받아들일지 모른다고 우려하기도 한다. 그러나 이 연습은 성과를 개선하는 데 큰 도움이 된다.

로버트는 열흘 만에 11명 전원으로부터 답변을 받았다. 마감이 촉박한 와중에도 높은 결과를 추구하고, 다양한 사람들과 폭넓게 소통하며, 중요한 정보를 찾아내는 등 그가 중요한 기여를 한 구체적인 사례도 다양하게 포함되어 있었다. 그는 자신이 받은 답변에 놀랐다. 군 복무 경험이 있는 베테랑이자 MBA를 취득한 기술 전문가인 로버트는 좀처럼 감정에 휘둘리는 일이 없었지만 응답자들의 이야기를 하나하나 읽으면서 깊은 감동을 받았다. 마치 자신을 축하하기 위해 열린 파티에서 감사 연설을 듣는 듯한 기분이었다. 피드백 속의 이야기와 사례는 놀라울 정도로 설득력이 있었다. 로버트는 자신에게 생각보다 훨씬 더 많은 강점이 있다는 사실을 깨달았다.

피드백 수집하기

RBS 연습에서 가장 중요한 부분은 가족과 친구, 교사와 동료에게 피드백을 요청하는 것이다. 이메일은 편하고 빠를 뿐만 아니라 앞으로 소개할 분석표에 그 응답을 복사해 붙여넣기도 쉽다.

아래는 로버트가 현재 동료, 그리고 군대에서 함께 복무했던 전 동료로부터 받은 피드백이다.

보낸 사람: 에이미 첸
받는 사람: 로버트 더건
제목: Re: 피드백 요청
로버트에게,
당신의 강점은 옳은 일에 앞장서는 점입니다. 프로젝트가 지연되어 결과물이 기준에 미치지 못했을 때가 떠오르네요. 당신은 회의를 소집해서 우리에게 선택권이 있다고 말했지요. 기본 요구 사항만을 충족하여 C를 받거나 탁월한 작업을 수행하여 A를 받을 수도 있다고요. 우리가 더 나은 결과를 만들어낼 수 있다고 상기시켜줬지요. 결국 우리는 마감일에 맞춰 일을 끝낼 수 있었고, 고객도 매우 만족했습니다.

보낸 사람: 마이크 브루노
받는 사람: 로버트 더건
제목: Re: 피드백 요청
제가 생각하는 당신의 강점은 역경 속에서도 꿋꿋이 버티는 점입니다. 우리 둘이 삼엄한 보안 속에서 부대를 이끌던 시절을 아직도 잊지 못합니다. 그때 우리는 현지 작전부와 사령부에서 상반된 정보를 받고 있었죠. 당신은 시간의 압박을 받으면서도 현지 작전부와 사령부가 서로 소통할 수 있도록 했습니다. 그때 얻은 정보 덕분에 우리 모두 목숨을 구할 수 있었죠. 당신은 결코 냉정을 잃지 않았고, 주변의 사람들이 모두 최선을 다하리라 믿고 이끌어나갔습니다.

2단계: 패턴을 인식하라

로버트는 1단계의 피드백에서 여러 번 언급된 주요 강점을 뽑아 사례와 함께 표로 정리했다. RBS 연습을 처음 시도하는 사람들이 으레 그렇듯 로버트 역시 응답자의 다양성을 고려할 때 회신의 내용이 중구난방이거나 심하면 상충하리라고 예상했다. 하지만 응답자들의 답변은 한결같았다. 가족의 의견 역시 군대의 전우나 직장 동료의 의견과 비슷했다. 모두 로버트가 압박 속에서도 용기를 냈던 모습과 높은 윤리 기준, 인내심과 호기심, 적응력이 뛰어나며 다양성을 존중하고 팀워크를 구축하는 능력을 높이 샀다. 로버트는 그의 사소하고 무의식적인 행동이 다른 사람들에게 큰 인상을 남겼다는 사실을 깨달았다. 그는 피드백을 읽기 전까지 그 안에서 소개하고 있는 구체적인 사례를 잊고 있었다. 그 행동이 당연하게 느껴졌기 때문이다.

여기까지만 보면 자기 정체성을 찾는 과정처럼 보이지만 자신의 강점을 알지 못하는 사람들에게도 이 연습이 꼭 필요하다. 다른 예로, 에드워드는 MBA를 취득한 후 설립된 지 얼마 되지 않은 자동차 회사의 임원이 됐다. 동료와 부하직원들은 그보다 나이도 경험도 더 많았기에 견해 차이가 생기면 그는 마음이 불편했다. 하지만 RBS 연습을 통해 동료들이 자신의 솔직한 견해를 높이 평가하며 또한 자신의 주장을 우호적이고 예의 바른 태도로 존중한다는 사실을 알 수 있었다. 그 결과 에드워드는 상사와 동료들이 그의 의견을 경청하고 그로부터 배우며 그가 한 말을 높이 평가한다는 사실을 알고 자신의 아이디어를 더욱 대담하게 주장할 수 있게 됐다.

RBS 연습을 통해 당연하게 여기던 강점을 더욱 세밀하게 발견하는 경우도 있다. 예를 들어, 베스는 비영리 단체를 위해 협상을 대리하는 변호사였다. 베스는 평소 경청을 잘한다는 말을 듣긴 했지만, 연습에 참여한 응답자들은 베스가 공감 능력이 뛰어나고 통찰력 있게 경청하기에 효과적으로 상대방의 마음을 끌어당긴다고 답했다. 구체적인 피드백 덕분에 베스는 그 후 섬세하고 외교적인 의사소통이 필요한 협상에서 주도권을 잡을 수 있다.

천성적으로 분석적인 성향이 강한 사람이라면 연습의 분석 단계에서 피드백을 취합해 자신의 역량에 대한 더 큰 계획을 세울 수 있다. 엔지니어로 일하는 재닛은 현수교 도면을 그리는 것처럼 RBS 결과 역시 분석해서 질문하고 개선해야 할 대상으로 간주했다. 하지만 가족과 친구, 동료들의 피드백을 읽으면서 스스로를 더 넓고 인간적인 맥락에서 바라보게 됐다. 설계를 향한 자신의 열정과 사랑에 관한 이야기를 읽으면서 재닛은 다른 사람들을 이끌고 그들에게 동기를 부여하는 관리직으로 진로를 재설정했다.

피드백을 취합해 공통의 주제 찾기

표를 만들면 수집한 피드백을 이해하는 데 도움이 된다. 예시를 조합하면 응답을 더 쉽게 비교하고 공통 주제를 파악할 수 있다.

공통 주제	제시된 사례	해석
윤리, 가치 그리고 용기	• 상사나 동료가 비윤리적으로 행동할 때 내 입장을 분명히 밝힌다. • 내가 믿는 바를 주장하기를 두려워하지 않는다. 공공장소에서 쓰레기를 버리거나 아이에게 소리를 지르는 사람에게 맞선다.	• 쉽고 그릇된 행동보다 어렵고 힘든 행동을 선택할 때 최고의 실력을 발휘한다. • 다른 사람을 가르칠 때 더 큰 만족을 느낀다. • 직업적인 용기가 있다.
호기심과 인내	• 군에서의 유망한 경력을 접고 MBA를 취득했다. • 혁신적인 접근 방식을 통해 보안 문제를 조사하고 해결했다.	• 새로운 도전을 즐긴다. • 위험을 감수하고 장애물에 맞서 인내한다.
팀을 구축하는 능력	• 고등학교에서 학생팀을 구성하여 학업 수준을 높였다. • 기꺼이 다른 사람에게서 배우며, 마땅히 인정해야 할 때는 공로를 돌린다.	• 다른 사람들과 긴밀히 협력할 때 더 큰 성과를 낸다.

3단계: 자화상을 그려라

피드백의 공통점을 발견했다면 내용을 요약하고 추려서 자기

ON HIGH PERFORMANCE

자신에 대한 설명을 작성해야 한다. 피드백의 내용과 스스로 관찰한 내용을 엮어 자신의 모습을 종합적으로 표현하는 것이다. 이렇게 작성한 자화상을 완전한 심리적·인지적 프로필이라고 보아서는 안 된다. 그보다는 이전의 성과를 되새기고 앞으로 행동할 때 참고하는 이미지에 가깝다. 자화상은 불릿기호를 사용한 항목 나열식이 아니라 '최고의 실력을 발휘할 때 나는…'처럼 시작하는 산문 형식이어야 한다. 2~4개의 단락으로 된 서사를 작성하는 과정을 통해 최고의 자아상을 공고히 다질 수 있다. 이런 서사 형식은 이전에는 서로 관련이 없는 것처럼 보였던 삶의 주제를 연결하는 데 도움이 된다. 자화상을 구성하는 데는 시간이 걸리고 신중하게 검토해야 하지만, 이 과정이 끝나면 자신이 누구인지 생생한 이미지를 얻게 된다.

로버트는 자화상을 구성하면서 다른 사람들이 그를 묘사하는 데 사용한 어휘를 바탕으로 이미지를 완성했다. 적절하지 않은 역량은 서술에서 제거했다. 특정 역량을 무시하려는 의도가 아니라, 전체적인 자화상이 진정성 있고 강력한 느낌을 주기를 원했기 때문이다. 로버트는 이렇게 썼다.

최고의 실력을 발휘할 때 저는 제 가치관을 지키면서 동시에 다른 사람들에게도 그 가치관이 왜 중요한지 이해시킬 수 있습니다. 저는 쉽고 잘못된 행동보다 어렵지만 옳은 행동을 택하며, 모범을 보이고자 합니다. 무언가를 배울 때나 프로젝트에 호기심과 열정을 느끼면 지치지 않고 일합니다. 다른 사람들이 두려워하거나 어렵다고 여기는 일에 도전하는 것도 좋아합니다. 현재 방식이 효과가 없을 때는 제한을 두고 대안을 찾습니다. 항상 제가 옳다거나 가장 잘 안다고 자만하지 않습니다. 이런 태도로는 다른 사람들로부터 존중받을 수 없지요. 동료를 신뢰하고 공로를 인정합니다. 관대하고, 차이에 대해서도 개방적이죠.

로버트는 이렇듯 자화상을 써나가면서 왜 자신이 직장에서 최고의 실력을 발휘하지 못했는지 깨달았다. 직장에서 그는 사명감이 부족했다. 군에서 복무할 때 그는 부하와 국가의 안전이 그의 업무의 질에 달려 있다는 사실에 만족감을 얻었다. 함께 일한다는 느낌과 뛰어넘어야 할 문제를 즐겼다. 하지만 컴퓨터 하드웨어의 유지 보수를 담당하는 직장인으로서 그는 지루함을 느꼈고, 다른 사람들로부터 고립되어 있다고 느꼈다.

심리학에서는 이를 '잠재적 자아'라고 부른다. 자화상을 작성하는 과정을 통해 로버트는 잠재적 자아를 더욱 생생하고 정교하게 표현할 수 있었다. 일상적인 업무에서뿐만 아니라 완전히 다른 상황에서 자신의 모습도 그려볼 수 있었다. 조직 연구에 따르면 우리는 잠재적인 최상의 자아에 대한 감각을 키울 때 보다 긍정적인 변화를 도모할 수 있다.

4단계: 업무를 재설계하라

자신의 강점을 파악한 후에는 잘하는 일을 기반으로 개인 직무 분석표를 재설계해야 한다. 로버트가 일상적인 유지 보수 업무를 하며 무감각해졌다는 사실을 고려하면 로버트의 과제는 업무와 최상의 자아 사이의 간극을 좁히는 것이었다. RBS 연습의 마지막 단계를 거치면 자신의 강점을 현재 업무 영역에서 제대로 활용할 수 있다. 로버트 역시 마찬가지였다. 이를 위해서는 일하는 방식과 팀의 구성, 시간을 쓰는 방식을 바꿔야 했다. 실제로 대부분의 직업은 이 세 영역 모두에서 어느 정도 자율성을 발휘할 여지가 있다. 핵심은 직업상 수반되는 제약을 벗어나지 않는 선에서 업무를 재설계하여 강점을 더 잘 발휘하는 환경을 만드는 것이다.

　로버트는 가장 먼저 시스템 설계자 및 엔지니어와 회의했다. 설계자와 엔지니어는 로버트가 이끄는 유지 보수 팀과 제때 정보를 주고받는 데 어려움이 있다고 말했다. 의사소통 방식이 개선되면 새로 출시한 제품에서는 과거에 발생했던 심각하고 비용도 많이 드는 유지 보수 문제를 더는 겪지 않을 것이라고 했다. 로버트는 이런 문제를 문서로 꼼꼼하게 기록했다. 그리고 RBS 연습을 통해 발견한 자신의 분석적이고 창의적인 팀 구성 능력을 바탕으로 디자이너 및 엔지니어들과 정기적으로 만나

신제품에서 발생할 문제를 예방하는 방법을 브레인스토밍했다. 이 회의는 로버트의 최상의 자아 욕구 두 가지를 충족시켰다. 그는 직장에서 많은 사람들과 교류하기 원했으며, 시스템 설계와 엔지니어링을 배우려는 적극적인 욕망이 있었다.

로버트의 노력은 금세 주목을 받았다. 경영진은 그의 추진력과 여러 부서에 걸쳐 협업하는 능력, 그리고 새로 출시한 제품의 안정성을 높이는 데 끼친 핵심적인 역할을 알아봤다. 또한 로버트가 다른 사람들의 공로를 인정하는 모습도 높은 평가를 받았다. 부단한 노력이 결실을 맺어 로버트는 9개월도 채 되지 않아 프로그램 관리자로 승진했다. 급여가 오르고 더 큰 인정을 받았을 뿐 아니라 일을 더욱 즐기게 됐다. 열정이 다시 타올랐으며, 생생하게 살아 있고 진정성 있게 일한다고 느꼈다. 로버트는 우울하거나 힘들다고 느낄 때마다 자신이 받은 이메일 피드백을 다시 읽었다. 상황이 어려울 때 그 메시지를 읽으면 금방 기운을 회복할 수 있었다.

로버트는 자신의 강점을 활용하여 더 나은 성과를 낸 사례지만, 때로는 RBS 결과가 직장의 현실과 충돌하는 경우도 있다. 영업을 담당하던 제임스의 경우가 그랬다. 그가 처한 상황은 고통 그 자체였다. 원대한 영업 목표를 달성하지도 못했고, 골치 아픈 문제를 수습하느라 전 세계를 돌아다니는 데 지쳤으며, 가정생활은 파탄 직전이었다. RBS 연습을 통해 사람들을 관리하고 변화를 주도할 때 최고의 능력을 발휘한다는 사실이 밝혀졌지만, 현재 맡은 업무 영역에서는 이 기술을 발휘할 여지가 없었다. RBS 연습을 한 지 얼마 지나지 않아 그는 스트레스가 심한 직장을 그만두고 자기만의 사업을 시작했다.

RBS 연습은 직장인이 조직에서는 꿈도 꾸지 못했던 직책을 목표로 삼는 데 도움이 되기도 한다. 대학에서 일하던 사라는 자신의 강점과 재능을 더 잘 활용하기 위해 동료들에게 피드백을 요청하고, 그 결과 완성된 내용을 동료들과 공유했다. 동료들은 사라가 새로운 임원 자리에 이상적인 후보자라고 주장했다. 이전이었다면 사라는 스스로 자격이 없다고 여겨 임원직에 지원해보겠다는 생각 자체를 하지 못했을 것이다. 하지만 RBS 연습을 거친 사라는 주위의 조언을 받아들였고, 놀랍게도 다른 후보자들을 가볍게 제치고 합격했다.

충분히 좋은 정도를 넘어서

사람들은 비판받은 내용을 더 잘 기억하지만, 결점을 인식한다고 반드시 더 나은 성과를 내는 것도 아니다. RBS 연습은 이런 이해를 기반으로 삼아 각자가 저마다의 강점을 깨닫고 이를 토대로 계획을 세우도록 도와준다. 자신의 강점을 알면 약점에 대처하는 방법을 더 잘 이해할 수 있고, 이를 해결하는 데 필요한 자신감도 얻을 수 있다. "나는 프로젝트를 주도하는 데는 뛰어나지만 숫자를 다루는 데는 서툴다"와 같이 말할 수 있게 된다. "제게 수학을 가르치는 대신 좋은 재무 파트너를 구해주세요"라고 요청할 수도 있다. 자신의 취약한 영역도 더 명확하게 파악할 수 있다. 금융 서비스 분야에서 일하던 팀은 그 자신이 뛰어난 경청자이자 코치라는 피드백을 받은 후에야, 자신이 지지자 역할에 너무 많은 시간을 할애하고 구성원들의 업무 수행을 관리하는 데는 너무 적은 시간을 쓴다는 사실을 깨달았다. 광고 회사의 간부였던 수전에게는 정반대의 문제가 있었다. 수전은 결과지향적 관리 방식을 칭찬하는 피드백을 받았지만, 구성원들이 배우고 실수할 여지를 용납하지 않았다.

결국 RBS 연습을 통한 강점 파악은 우리가 '충분하다'는 기준을 넘어서기 위해 필요하다. 자신의 강점을 발견하고 나면 현재뿐만 아니라 커리어의 다음 단계에서도 자신의 강점을 활용하여 더 나은 위치를 점할 수 있다.

로라 모건 로버츠는 버지니아대학교 다든 경영대학원의 부교수다. 다양한 조직과 지역사회에서 개인의 잠재력을 극대화하는 방법을 연구한다. 《포지티브 혁명How to Be a Positive Leader》(매일경제신문사, 2018)의 공저자이며, 《글로벌 사회의 긍정적 조직화Positive Organizing in a Global Society》(2015), 《긍정적 자아와 조직 탐색Exploring Positive Identities and Organizations》(2009)의 공동 편집자다.

그레첸 스프리처는 미시간대학교 로스 경영대학원 교수이며, 로스 긍정조직센터 공동 소장이다. 조직 구성원에 대한 권한 위임 및 리더십 개발을 연구하며, 최근에는 조직이 구성원들의 잠재력을 최대한으로 활용할 수 있는 방법을 집중적으로 연구한다. 미국경영학회, 미국서부경영학회 집행부를 역임했다.

제인 더튼은 미시간대학교 로스 경영대학원의 경영심리학 교수로, '긍정조직학의 대모'라고 불린다. 조직이 구성원의 업무 성과를 향상시키고 삶을 풍요롭게 하는 과정을 연구한다. 《컴패션 경영Awakening Compassion at Work》(김영사, 2021)의 공저자이며, 미시간대학교 로스 긍정조직센터의 공동 설립자다.

로버트 퀸은 미시간대학교 로스 경영대학원의 명예 교수이자 로스 긍정조직센터의 공동 설립자다. 《마스터 관리자 되기Becoming a Master Manager》(2020)를 공저했다.

에밀리 히피는 매사추세츠대학교 애머스트의 부교수로, 업무 영역에서의 관계, 감정 등을 연구한다.

브리애나 바커 카자는 노스캐롤라이나대학교 그린즈버러의 경영학 부교수다. 긱 이코노미, 소외된 노동 인구와 관련 정체성, 대인관계 역학을 중심으로 연구하며, 〈하버드 비즈니스 리뷰〉를 비롯해 〈계간 행정학Administrative Science Quarterly〉, 〈경영 아카데미 리뷰Academy of Management Review〉, 〈조직행동저널Journal of Organizational Behavior〉 등 정상급 매체에 기고한다.

최상의 나를 찾는 법

대부분의 피드백은 부정적인 면을 강조한다. 하지만 결점을 찾아내는 피드백은 약점을 보완하거나 숨기는 데 지나치게 신경 쓰게 만들고, 때로는 자신과 맞지 않는 모델을 따르도록 강요할 수 있다. 아이러니하게도 이처럼 문제 영역에 집중하는 태도는 사람들로 하여금 조직에서 뛰어난 성과를 거두지 못하게 방해한다.

따라서 자신의 강점을 이해하고 활용하는 일이 가장 중요하다. 최상의 자아를 재발견할 수 있게 도와주는 RBS 연습은 부정적인 피드백을 상쇄하는 고유한 피드백 경험을 제공한다. 이를 통해 자신이 인지하고 있거나 그렇지 못한 재능을 활용하여 잠재력을 높일 수 있다.

RBS 연습을 시작하려면 먼저 가족과 친구, 동료와 교사에게 자신의 강점이 특히 도움이 됐던 구체적인 사례를 제시해달라고 요청해야 한다. 다음으로, 수집한 피드백에서 공통된 내용을

ON HIGH PERFORMANCE

찾아 표로 정리하여 자신의 강점을 명확하게 파악해야 한다. 셋째, 축적된 정보를 요약해 자신을 설명하는 자화상을 서술형으로 작성해야 한다. 마지막으로, 자신이 잘하는 것을 기반으로 개인 직무 분석표를 재설계해야 한다.

RBS 연습을 통해 최고의 기량을 보여줄 때 자신이 어떤 모습인지 발견할 수 있다. 최상의 자아를 파악하고 나면 자신이 어떤 역할을 맡을지 선택할 수 있을 것이다.

중단, 위임, 아웃소싱을 통해
시간을 효율적으로 분배하라

줄리안 버킨쇼, 조던 코헨

'오늘 하루는 시간이 더 많았으면 좋겠다.' 이는 모두가 원하지만 불가능한 일이다. 하지만 업무 시간의 20퍼센트에 달하는 시간을 확보하여 정말 중요한 일에 집중할 수 있다면 어떨까?

지식노동자의 생산성을 높이는 방법은 간단하다. 중요하지 않은 업무는 빼거나 위임하고, 부가가치가 높은 업무로 대체하는 것이다. 연구에 따르면 지식노동자는 개인적 만족도가 낮고 다른 사람이 능숙하게 처리할 수 있는 재량적 활동에 많은 시간(평균 41퍼센트)을 소비하고 있다고 한다. 이들은 왜 이런 활동을 계속하고 있을까? 일에서 벗어나기가 말처럼 쉽지 않기 때문이다. 우리는 본능적으로 업무에 매달려 바쁘고 중요한 사람이 된 느낌을 얻으려 한다. 그리고 상사는 적은 노력으로 더 많은 일을 처리하기 위해 최대한 많은 의무를 부하직원에게 떠넘긴다.

하지만 이를 개선할 방법은 있다. 자신이 시간을 어떻게 보내는지 살펴보고 가장 중요한 업무를 결정한 뒤 그 외의 나머지는 과감히 포기하거나 아웃소싱함으로써 생산성을 높이는 것이다. 다양한 회사의 임원 15명을 대상으로 이와 같은 개입을 시도한 결과 가치가 낮은 업무에 대한 관여를 획기적으로 줄일 수 있었다. 주당 평균 사무 업무는 6시간, 회의 시간은 2시간이나 줄었다. 장점은 뚜렷했다. 예를 들어, 스칸디나비아 보험 중개업체 이프의 매니저인 로타 라이티넨은 팀을 지원하는 데 더 많은 시간을 할애하고자 회의와 행정 업무를 포기했고, 그 결과 3주 동안 담당 부서의 매출이 5퍼센트 증가했다.

연구에 참여한 모두가 이 정도의 성공을 거두지는 않았지만 결과는 놀라웠다. 지식노동자들에게 일의 균형을 재고하고 전환하도록 요구하기만 해도 일주일에 평균 하루, 거의 5분의 1에 해당하는 시간이 확보됐다. 그리고 이렇게 절약한 시간으로 더 가치 있는 업무에 집중할 수 있었다.

그러면 가장 중요한 업무는 어떻게 결정하고, 그 외 업무는 어떻게 처리해야 할까? 이 글에서는 어떻게 기존의 임무 중 불필요한 부분을 중단하고 다른 사람에게 위임하며 또한 아웃소싱할 수 있는지 구체적인 방법을 소개하려 한다.

지식노동을 관리하기가 어려운 이유

지식노동자의 업무를 관리하기는 쉽지 않다. 지식노동자가 하는 일은 대체로 머릿속에서 이루어지기 때문에 관찰하기 어렵고, 업무의 질도 주관적으로 판단할 때가 많기 때문이다. 관리자는 직원이 비효율적으로 시간을 낭비한다고 의심할 수 있지만 해결책을 제시하기는커녕 문제를 진단하기조차 쉽지 않다.

미국과 유럽의 8개 산업에 속한 39개 기업에서 지식노동자 45명을 인터뷰하고 하루 일과를 살펴본 결과, 헌신적이고 인상적인 성과를 내는 이들조차 지루하고 부가가치가 낮은 사무 업무와 '전반적인 조직 관리'(다른 부서 사람들과의 회의 등)에 많은 시간을 할애한다는 사실이 밝혀졌다. 이런 업무는 지식노동자 본인에게도 효용이 거의 없고, 회사에도 가치가 낮았다.

이런 일이 생기는 데는 여러 가지 이유가 있다. 우리 대부분은 쉽게 빠져나오기 힘든 고통스러운 책무의 그물에 얽혀 있다. 특정 업무를 중단하면 동료나 상사가 실망할까 봐 걱정한다. 한 참여자는 이렇게 주장했다. "저는 바쁘고 생산적인 사람처럼 보이고 싶어요. 회사에서는 조직을 위해 일하는 사람을 중요하게 생각하니까요." 또한 덜 중요한 업무라고 해서 전혀 이점이 없는 것은 아니다. 연구에 따르면 꼭 필요하지 않은 업무에서라도 진전을 이루면 몰입도와 만족감이 높아진다고 한다. 회의는 흔히 시간 낭비라는 빈축을 사지만 동료들과 가깝게 소통하는 기회를 제공한다. 한 응답자는 이렇게 말했다. "저는 대면 회의를 상당히 기다리는 편이에요. 전화는 효율적이기는 해도 차갑고 생기가 느껴지지 않거든요."

구성원들이 최적의 성과를 내지 못하는 데는 조직도 일부 책임이 있다. 지난 10년 동안 비용을 절감하려는 노력이 지나친 나머지, 지식노동자 역시 출장 준비와 같은 저부가가치 업무까지 떠맡게 되어 중요한 업무에 집중하기 어려워졌다. 기업 신뢰도가 회복되고 있지만 많은 기업이 자원, 특히 행정 자원 확충을 주저하고 있다. 게다가 점점 더 복잡해지는 규제 환경과 엄격한 통제 시스템 때문에 상사가 경험이 부족한 부하직원에게 업무 양도를 꺼리는 위험 회피적인 기업 문화가 조성됐다. 그로 인한 결과는 예측하기 어렵지 않다. 연구 참여자 중 하나는 "팀의 인력이 부족하고 일도 서툴러서 일정이 악몽 같아요. 회의도 필요 이상으로 많아요"라고 보고했다. 또 다른 참여자는 "제가 일을 위임한 사람들의 작업 능력의 한계에 직면하고 있어요"라고 말했다.

일부 기업에서는 구성원들이 업무 부가가치가 높은 영역에 집중할 수 있는 환경을 제공하려 노력한다. 덜 중요한 업무를 아웃소싱하게 해주거나, 금요일에 이메일을 금지하고, 회의에 시간제한을 두며, 사내 파워포인트 프레젠테이션을 금지하는 식이

지식노동자가 하는 일

연구 결과에 따르면 평균적으로 사무 업무와 전반적인 관리 업무가 지식노동자의 시간 중 3분의 2를 차지하는 것으로 나타났다.

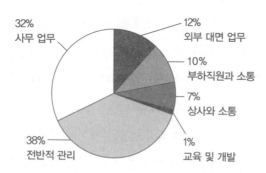

활동에 소요되는 시간

32%
사무 업무

12%
외부 대면 업무

10%
부하직원과 소통

7%
상사와 소통

1%
교육 및 개발

38%
전반적 관리

그러나 이런 사무, 전반적 관리 업무는 가장 양도하기 쉽고 성가시며 귀찮은 업무라고 평가됐다.

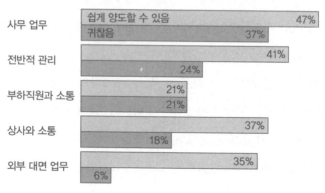

시간을 투자할 가치가 있는가?

사무 업무 — 쉽게 양도할 수 있음 47% / 귀찮음 37%

전반적 관리 — 41% / 24%

부하직원과 소통 — 21% / 21%

상사와 소통 — 37% / 18%

외부 대면 업무 — 35% / 6%

이런 정보를 알게 된 연구 참여자들은 부가가치가 낮은 업무를 중단하거나 위임, 아웃소싱 또는 연기하여 더 중요한 업무에 시간을 할애할 수 있었다.

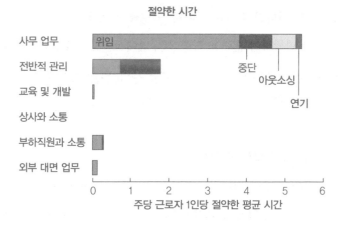

절약한 시간

다. 하지만 제도적 규범을 바꾸기는 매우 어렵고, 지식노동자가 스스로 이런 상의하달식 지시를 납득하지 못하면 생각지도 못한 방법으로 지시를 어기거나 시스템을 교묘히 이용하기 때문에 상황이 악화될 뿐이다. 따라서 합리적인 중도 지점을 찾아야 한다. 관리자가 신중하게 개입하면서도 지식노동자가 스스로 행동하도록 지원하는 방법 말이다.

일상 업무의 효율을 높이는 법

평소 처리하는 업무의 효율을 높이려면 어떻게 해야 할까? 적은 노력으로 커다란 효과를 얻을 수 있도록 기존의 업무 관리 방식을 약간 변형하여 훈련을 진행했다. 앞에서 언급한 15명의 기업 임원을 대상으로 이 방식을 테스트했으며, 이들 중 일부는 놀라운 성과를 거두었다.

가치가 낮은 업무 파악하기

일상의 업무를 하나하나 살펴본 후 자가 평가를 통해 (1) 본인이나 조직에 그리 중요하지 않고 (2) 쉽게 중단할 수 있거나 위임 또는 아웃소싱할 활동을 결정하자. 연구에 따르면 지식노동자의 활동 중 최소한 4분의 1이 위의 두 범주에 속한다. 그러므로 주당 최대 10시간 확보를 목표로 삼아야 한다. 이런 목표에 기반해 연구 참여자들은 자신이 담당하고 있는 소모성 업무를 정확히 파악했다. 이프의 매니저인 로타 라이티넨은 자신이 생략할 수 있는 회의와 일상적인 관리 업무를 빠르게 파악했다. 런던의 소규모 기술 회사 CEO인 샨타누 쿠마르는 자신이 프로젝트를 세부적으로 컨트롤하고 있다는 사실을 깨달았으며, 지디에프수에즈 에너지 서비스 관리자인 빈센트 브라이언트는 문서 분류에 얼마나 많은 시간을 낭비하고 있는지 깨닫고 놀랐다.

ON HIGH PERFORMANCE

중단, 위임 또는 재설계 여부 결정하기

가치가 낮은 업무를 부정적인 영향 없이 당장 중단할 수 있는 일quick kills, 최소한의 노력으로 위임할 수 있는 일off-load opportunities, 재구조나 점검이 필요한 일long-term redesign로 나눈다. 이 단계에서 각자 조직에 실제로 기여하는 바가 무엇인지 신중하게 되돌아볼 수 있다.

BNP파리바은행의 매니저인 요한 바르체캐스는 이렇게 회상했다. "한 걸음 물러나서 제 자신에게 물었죠. '애초에 내가 이 일을 해야 하는 건가? 내 부하직원이 맡아서 할 수도 있지 않을까?' 이런 질문을 해보니 은행에 가치 있는 일과 제게 가치 있는 일, 그리고 아예 하지 말았어야 할 일을 파악하는 데 도움이 되더군요." 또 다른 참여자는 이렇게 말한다. "가치가 낮은 업무는 미리 거절하고 애초에 시작도 하지 않게 됐습니다. 그 점이 가장 큰 변화입니다."

최소한의 노력으로 위임할 수 있는 일

연구 참여자들은 위임이 처음에는 가장 어렵지만 궁극적으로 무척 보람을 느끼게 하는 일이라고 입 모아 말했다. 위임한 업무에 대한 걱정으로 잠을 설치던 사람도 있었고, 위임한 업무를 감독하느라 어려움을 겪은 사람도 있었다. 바르체캐스는 이렇게 설명했다. "일을 위임할 때는 타이밍이 중요해요. 너무 일찍 위임하는 상황이 생길 수도 있더라고요."

대부분의 참여자는 결국 이런 걸림돌을 극복했다. 이들은 업무의 2~20퍼센트를 위임했는데, 이 과정에서 자신이나 팀의 생산성이 저하되지는 않았다. 바르체캐스는 이렇게 말했다. "처음에는 부하직원의 능력을 과대평가하기도 했지만 시간이 지나면서 위임하기가 점점 더 쉬워졌고, 부분적으로라도 일을 맡기니 제게도 여유가 생겼습니다." 이로 인해 후배 구성원들이 업무에 더 많이 참여하게 된다는 긍정적 효과도 생겼다. 바르체캐스는 덧붙였다. "후배들이 정말 고맙다는 말을 여러 번 했어요." 빈센트 브라이언트는 가상 개인 비서에게 업무를 맡기기로 결정했다. 초기에 가상 개인 비서 서비스를 익혀야 한다는 문제가 있었지만, 막상 시도해보니 염려했던 일은 일어나지 않았다.

확보한 시간을 할당하기

목표는 효율적일 뿐만 아니라 효과적이어야 한다. 따라서 절약한 시간을 효과적으로 활용하는 방법 역시 중요하다. 해야 하지만 하지 못하고 있는 일 2~3가지를 적고, 일지를 작성하여 시간을 더 효과적으로 사용하고 있는지 평가해보자. 연구에 참가한 이들은 조금 더 일찍 퇴근해 가족들과 즐거운 시간을 보냈다며 만족했다(덕분에 다음 날 더 행복하고 생산적으로 일했을 것이다). 물론 예기치 않은 사건으로 인해 시간이 순식간에 사라졌다고 보고한 사례도 있었다.

대체적으로 보면 실험 참가자 가운데 과반수는 남은 시간을 활용해 업무를 더 훌륭하게 수행했다. 쿠마르는 이렇게 말한다. "이 과정을 통해 평소 시간이 부족해 미처 하지 못했던 중요한 일이 무엇인지 알 수 있었습니다. 프로젝트의 사소한 부분에 시간을 쓰는 대신 제품 로드맵과 같은 전략적 활동에 집중할 수 있었죠." 라이티넨은 한결 자유로워진 시간을 활용하여 고객 통화를 청취하고, 뛰어난 성과를 내는 영업 사원을 지켜보고, 구성원들을 일대일로 코칭했다.

그 결과 3주 동안 매출이 5퍼센트나 상승했으며, 평균 이하의 성과를 내던 이들의 매출이 가장 크게 증가했다. 구성원들의 반응은 긍정적이었으며, 라이티넨은 자신의 업무 중 일부를 중단해도 아무 문제가 없다는 사실을 알게 됐다. "첫 주에는 계획을 세우느라 스트레스가 심했지만, 중반쯤 되니 좀 더 여유로워졌고 매일 집에 돌아갈 때마다 만족스러웠어요."

계획에 충실하기

개인의 선택에 달린 문제지만, 가급적 상사와 동료 또는 멘토와 계획을 공유하는 편이 좋다. 어떤 활동을 중단할 것이며 그 이유는 무엇인지 미리 설명하자. 그리고 수주 후에 달성한 성과에 대해 논의하겠다고 합의하라. 이 단계가 없으면 다시 이전의

자체 평가: 가치가 낮은 업무 파악하기

전날 수행한 모든 업무를 30분 또는 60분 단위로 나누어 목록을 작성하고, 각 업무에 대해 스스로 다음의 4가지 질문을 던져보자.

1. 이 활동이 조직에 얼마나 가치가 있는가?

상사나 고위 임원에게 성과를 보고한다고 가정해보자. 이 업무에 대해 언급하겠는가? 이 작업에 시간을 할애하는 타당한 이유를 설명할 수 있는가?

평가	점수
조직의 전반적인 목표에 중요한 방식으로 기여한다.	4
소소하게 기여한다.	3
긍정적이든 부정적이든 아무 영향을 미치지 않는다.	2
부정적인 영향을 미친다.	1

2. 어느 정도까지 이대로 둘 수 있을까?

집에 급한 일이 생기는 바람에 2시간 늦게 회사에 도착해 그날의 활동 우선순위를 정해야 한다고 상상해보자. 이 활동은 어느 범주에 속할까?

평가	점수
필수: 최우선 순위다.	4
중요: 오늘 안에 이 작업을 완료해야 한다.	3
재량: 시간이 되면 처리할 것이다.	2
중요하지 않음/선택 사항: 즉시 없앨 수 있다.	1

3. 이 일을 함으로써 얻는 개인적인 가치는 얼마나 될까?

재정적으로 독립하여 꿈에 그리던 직업이 생겼다고 상상해보자. 이 업무를 계속 하겠는가, 아니면 그냥 접겠는가?

평가	점수
반드시 유지한다: 내 업무에서 가장 좋은 부분이다.	5
아마 유지할 것이다: 이 활동을 즐긴다.	4
잘 모르겠다: 이 업무에는 장점과 단점이 있다.	3
아마 그만둘 것이다: 이 활동은 다소 지루하다.	2
확실히 버릴 것이다: 이 작업을 하기 싫다.	1

4. 다른 사람이 나를 대신해 어느 정도까지 할 수 있을까?

신속하게 핵심 업무를 처리하라는 요청을 받았는데 3개월 동안 업무 중 일부를 동료에게 맡겨야 하는 상황이 됐다고 가정해보자. 이 업무를 중단하겠는가, 위임하겠는가, 아니면 계속 맡을 것인가?

평가	점수
나(또는 나보다 상급자)만이 이 업무를 처리할 수 있다.	5
이 업무는 나의 특정 기술 및 다른 관련 책임 때문에 내가 하는 것이 가장 좋다.	4
적절하게 구조화된다면, 이 업무는 나보다 후배가 만족스럽게 처리할 수 있다.	3
이 업무는 후배가 쉽게 처리하거나 제3자에게 아웃소싱할 수 있다.	2
이 업무는 아예 그만둘 수 있다.	1

위의 4가지 질문에 대한 점수를 모두 합산하라.

총점이 낮으면(10점 이하) 위임 또는 제거 가능성이 높은 업무다.

나쁜 습관으로 돌아가기 쉽다. 이 단계에서 관리자가 도움이 되고 자신을 지지해준다는 사실을 깨달은 참여자들이 많다. 라이티넨의 상사인 스벤 셰르네쿨은 업무를 위임할 수 있는 사람을 추천해주었다. 다른 참여자들은 다른 사람에게 계획을 말하기만 해도 실천에 도움이 된다는 사실을 발견했다.

비교적 적은 노력으로 관리 업무를 더 늘리지 않고도 지식노동자의 생산성을 크게 높일 수 있다. 물론 이런 변화가 항상 쉽지는 않다. 참여자 중에는 "다른 사람의 코칭 없이는 변화를 이끌어내기 어렵다"라고 말한 사람도 있다. 하지만 참여자 모두가 이 훈련이 더 효율적이고 효과적일 뿐 아니라 자신의 업무 참여도를 높이는 데 도움이 되는 유용한 '강제 메커니즘'이라고 평가했다. 이 메커니즘을 시행하기 위해 조직을 재조정하거나 업무 프로세스를 재설계하거나 비즈니스 모델을 개혁할 필요는 없다. 그저 올바른 질문을 던지고 그 대답을 행동으로 옮기면 된다. 지식노동자라면 업무의 목적을 위해 판단 능력을 발휘해야 하지 않을까?

ON HIGH PERFORMANCE

줄리안 버킨쇼는 런던대학교 경영대학원의 교수이자 경영혁신연구소Management Innovation Lab, MLab의 공동 창립자다. 기업가 정신과 혁신을 촉진시키는 분야의 권위자로, 《자이언트 스텝Giant Steps》(비즈니스맵, 2009), 《패스트/포워드Fast/Forward》(2023), 《글로벌 기업의 기업가 정신Entrepreneurship in the Global Firm》(2000) 등 10여 권의 저서를 집필했다.

조던 코헨은 경영 컨설팅 업체인 루마니티Lumanity의 최고 인사 책임자다. 이전에는 경영 교육 회사인 라이프랩스러닝LifeLabs Learning의 고문을 역임하면서 리더십 관련 자문을 담당했다.

24시간을 30시간처럼 쓰는 법

모두가 시간이 더 많았으면 하고 바라지만 이는 물리적으로 불가능하다. 하지만 업무 시간의 20퍼센트에 달하는 상당한 시간을 확보하여 정말 중요한 일에 집중할 수 있다면 어떨까? 연구에 따르면 지식노동자는 개인적 만족도가 낮고 본인이 아닌 다른 사람이라도 능숙하게 처리할 수 있는 재량 활동에 많은 시간(평균 41퍼센트)을 소비하고 있다고 한다.

지식노동은 눈에 보이지 않기에 관리하기 어렵지만 자체적으로 적절한 평가를 거치면 효율성을 높일 수 있다. 지식노동자는 스스로 시간을 어떻게 보내는지 의식적으로 생각하고, 자신과 조직에 가장 중요한 업무를 결정하며, 나머지는 과감히 포기하거나 창의적으로 아웃소싱함으로써 생산성을 높일 수 있다.

포기해야 할 업무는 다음과 같이 분류된다.

- 부정적인 영향 없이 지금 당장 중단할 수 있는 일

- 최소한의 노력으로 위임할 수 있는 일
- 재구상 또는 재구조화가 필요한 일

자체 평가를 통해 불필요한 업무를 정리하고 나면 확보한 시간을 더 중요한 일에 집중하는 데 사용한다.

15명의 기업 임원이 이 방법을 시도한 결과, 주당 평균 6시간의 사무 업무와 주당 2시간의 회의 시간을 줄일 수 있었다. 이렇게 확보한 시간에 코칭 및 전략 수립과 같은 부가가치가 높은 업무를 해낼 수 있었다.

작심하면 해내는 사람들의 9가지 남다른 행동

하이디 그랜트

같은 사람이라도 어떤 목표는 성공적으로 달성하지만 다른 목표는 그러지 못하는 경우가 많다. 왜 이런 일이 발생할까? 그 이유를 모르는 사람은 비단 당신 혼자가 아니다. 똑똑하고 성취도가 높은 사람들조차 성공과 실패의 이유를 잘 파악하지 못한다. 어떤 사람은 재능을 타고났고 다른 사람은 그렇지 못하다는 단순한 설명은 커다란 퍼즐의 한 조각에 불과하다. 수십 년에 걸쳐 성취를 연구한 결과에 따르면, 목표 달성에 성공한 사람은 그 사람이 지닌 특질이 아니라 어떤 행동을 함으로써 성공한 경우가 더 많기 때문이다.

1. 구체적인 목표를 세워라

목표를 설정할 때는 가능한 한 구체적으로 정하라. '0.5킬로그램 감량'이 '체중 감량'보다 더 좋은 목표다. 목표의 성공 여부를 명확하게 알 수 있기 때문이다. 달성하고자 하는 목표를 정확히 알면 목표에 도달할 때까지 동기 부여가 된다. 또한 목표에 도달하기 위해 취해야 할 행동도 구체적으로 생각해보아야 한다. 그냥 '덜 먹겠다'라거나 '더 자겠다' 같은 다짐은 지나치게 모호하다. 행동 역시도 가급적 명확하고 정확하게 정해야 한다. '평일 밤에는 10시까지 잠자리에 들겠다'라고 하면 무엇을 해야 하는지, 실제로 실천했는지의 여부에 대해 의심의 여지가 없다.

2. 목표를 실행할 기회를 포착하라

일상은 매우 바쁘다. 그리고 거의 모두가 한 번에 여러 목표를 달성하기 위해 애를 쓴다. 이 사실을 고려하면 막상 목표를 달성할 기회가 왔는데도 이를 알아차리지 못해 놓치는 상황이 일상적으로 일어나는 이유를 알 수 있다. 오늘 정말 운동할 시간이 없었을까? 부재중 전화에 답할 틈도 전혀 없었나? 목표를 달성하려면 이런 기회를 놓치기 전에 붙잡아야 한다.

목표를 달성하기 위해 행동할 시간을 마련하려면 먼저 언제 어디서 어떤 행동을 취할지 미리 결정해야 한다. 다시 말하지만 가능한 한 구체적으로 정해야 한다. '월요일, 수요일, 금요일에 는 출근하기 전 30분 동안 운동한다' 같은 식으로 말이다. 이런 계획을 세우면 기회가 왔을 때 뇌에서 이를 감지하고 포착할 수 있어 목표 달성 확률을 약 300퍼센트까지 높여준다는 연구 결과가 있다.

3. 얼마나 더 가야 하는지 정확히 파악하라

목표를 달성하기 위해서는 다른 사람에게 의존하지 말고 스스로 자신의 진행 상황을 정직하게, 정기적으로 모니터링해야 한다. 자신이 얼마나 잘하고 있는지 모르면 그에 따른 행동이나 전략을 조정할 수도 없다. 목표에 따라 자주, 매주 혹은 매일 진행 상황을 확인하라.

4. 현실적인 낙관주의자가 되어라

목표를 설정할 때는 목표를 달성할 가능성에 대해 긍정적인 생각을 많이 하는 것이 좋다. 자신이 성공할 수 있다고 믿으면 동기를 부여하고 유지하는 데 엄청난 도움이 된다. 하지만 목표에 도달하기가 얼마나 어려운지 과소평가해서는 안 된다. 많은 이들이 달성하고자 하는 목표는 대부분 시간과 계획, 노력과 끈기가 필요하다. 연구에 따르면, 별다른 노력 없이 쉽게 목표를 이룬다고 생각하면 앞으로의 긴 여정에 대한 준비가 허술해지고 실패할 확률도 아주 높아진다.

5. 잘하는 것보다 나아지는 데 초점을 맞춰라

스스로에게 목표를 달성할 능력이 있다고 믿는 한편으로 그런 능력을 키울 수 있다는 믿음도 중요하다. 태어날 때부터 지능과 성격, 체력이 정해져 있어 아무리 노력해도 좋아지지 않을 것이라 믿는 사람이 대부분이다. 그 결과 새로운 기술을 개발하고 습득하기보다는 자신을 증명하겠다는 목표에만 몰두하는 경우가 많다.

다행히도 수십 년에 걸친 연구에 따르면 사람마다 능력이 정해져 있다는 믿음은 완전히 잘못됐으며, 어떤 능력이든 쉽게 바뀔 수 있다는 사실이 밝혀졌다. 변할 수 있다는 사실을 받아들이면 더 나은 선택을 할 수 있고, 자신의 잠재력을 최대한 발휘할 수 있다. 어떤 일을 단순히 잘하는 것이 아니라 더 나아지는 것을 목표로 삼은 사람들은 어려움을 당연하게 받아들이고 그 목표를 달성하기 위한 여정에 감사할 줄 안다.

6. 그릿을 키워라

그릿grit은 장기적인 목표에 헌신하고 어려움 속에서도 버티려는 의지를 말한다. 연구에 따르면 그릿이 강한 사람은 평생 더 많은 교육을 받고 대학에서도 더 높은 학점을 받는 것으로 나타났다. 그릿으로 어떤 생도가 육군사관학교의 혹독한 훈련을 끝까지 견뎌낼지도 예측할 수 있다. 실제로 그릿으로 내셔널스펠링비(National Spelling Bee, 영어 철자 맞추기 대회-옮긴이)에서 참여자가 어느 라운드에 진출할지 예측한 사례도 있다.

그릿이 부족해도 이를 개선할 방법은 있다. 그릿이 부족한 사람들은 성공한 사람들이 타고난 능력이 자기에게 없다고 생각하는 경우가 많다. 그러나 그 생각은 완전히 틀렸다. 앞서 언급했듯이 진정한 성공에는 노력과 계획, 끈기와 좋은 전략이 필요하다. 이런 사실을 깨달으면 자기 자신과 목표를 더 정확하게 볼 수 있을 뿐 아니라 그릿에도 놀라운 변화가 생길 것이다.

7. 의지력을 키워라

의지력은 신체 근육과 마찬가지로 꾸준히 훈련하지 않으면 시간이 지나면서 점점 약해진다. 하지만 잘 활용하고 규칙적으로 훈련하면 의지력 역시 점점 더 강해지고 목표를 성공적으로 달성하는 데 도움이 된다.

의지력을 키우려면 정말 하고 싶지 않은 무언가를 찾아서 끝까지 해보자. 고지방 간식 끊기, 하루에 윗몸 일으키기 100회 하기, 구부정하게 앉아 있던 자세를 바로 세우기, 새로운 기술 배우기 등을 시도해보라. 항복하거나 포기하고 싶다는 마음이 들더라도, 굳이 하고 싶지 않더라도 그냥 해보는 것이다.

한 가지 도전부터 시작하고, 문제가 발생했을 때 어떻게 대처할지 계획을 세워라('간식이 먹고 싶을 때는 신선한 과일이나 말린 과일을 먹겠다'). 처음에는 힘들겠지만 점점 더 쉬워진다. 이게 핵심이다. 그렇게 좀 더 힘이 생기면 더 많은 도전에 나서서 의지력을 더욱 강화할 수 있을 것이다.

8. 운명을 시험하지 마라

의지력이 아무리 강하라도 한계가 있다는 사실을 명심하자. 무리하면 일시적으로 기력이 떨어질 수 있다. 금연과 다이어트를 동시에 하는 등 어려운 일을 두 가지 이상 동시에 시도하지 마라. 그리고 자신을 위험에 빠뜨리지 마라. 많은 이들이 유혹을 이겨 낼 수 있다고 지나치게 자신하기 때문에 결국 유혹당하기 쉬운 상황에 처하고 만다. 성공한 사람들은 그렇지 않아도 어려운 목표를 달성하려 할 때 그 길을 어렵게 꼬지 않으려 노력한다.

9. 하지 말아야 할 일이 아니라 해야 할 일에 집중하라

체중을 감량하거나, 담배를 끊거나, 나쁜 성격을 바로잡고 싶은 가? 그렇다면 나쁜 습관 자체에만 집중하지 말고 나쁜 습관을 어떻게 좋은 습관으로 대체할지를 생각해보자. 생각 억제에 관한 연구(예: "하얀 곰에 대해 생각하지 마라!")에 따르면 어떤 생각을 하지 않으려고 노력하면 오히려 그 생각을 더 활발하게 떠올리게 된다고 한다. 행동도 마찬가지다. 나쁜 습관을 없애는 데만 집중하면 그 습관이 사라지기보다 오히려 강력해진다.

행동 방식을 바꾸고 싶다면 "그 대신 무엇을 할까?"라고 스스로에게 물어보자. 예를 들어, 화를 다스리고 발끈하지 않으려면 "화가 날 것 같으면 심호흡을 3번 해서 마음을 진정시킨다" 같은 계획을 세우는 것이다. 분노에 굴복하는 대신 심호흡을 활용하면 나쁜 습관이 점차 사라질 것이다.

이 9가지 조언을 통해 지금까지 잘해온 일들을 생각하면서 나름의 깨달음을 얻었기를 바란다. 나아가 우리를 실패하게 만든 실수를 파악하고, 이에 대한 깨달음을 앞으로 유리하게 활용할 수 있기를 바란다. 기억하라. 성공하기 위해 다른 사람이 될 필요는 없다. 중요한 것은 내가 어떤 사람이냐가 아니라 어떤 행동을 하느냐다.

하이디 그랜트는 동기 부여를 연구하는 사회심리학자이며 세계적인 영향력을 지닌 경영 사상가로, 컬럼비아대학교 동기과학센터Motivation Science Center 부소장이자 EY아메리카의 학습 연구 및 개발 책임자다. 가장 최근 저서로는 《어떻게 마음을 움직일 것인가Reinforcements》(부키, 2020)가 있다. 그 밖에 《작심하면 해내는 사람들의 9가지 남다른 행동Nine Things Successful People Do Differently》(2012)과 《아무도 나를 이해해주지 않아No One Understands You and What to Do About It》(2015)를 썼다.

2분 습관이
생산성을 결정한다

제임스 클리어, 앨리슨 비어드

뛰어난 성과를 내는 사람들은 때로 초인적인 야망과 직업윤리를 지닌 것처럼 보인다. 하지만 이들의 놀라운 성과를 바라보는 또 다른 시각이 있다. 이들이 '성공하는 습관'을 지니고 있다는 것이다. 대부분의 평범한 사람들은 쉬운 일부터 하고 충동적으로 결정을 내리며 TV를 보느라 시간을 낭비하거나 충분한 수면을 취하지 않는 등 잘못된 습관에 물들어 있다. 반면 높은 성과를 거두는 사람들은 매일 새벽 4시에 일어나거나, 일주일에 책 1권을 읽는 등 자신만의 계획을 고수하며 결과적으로 더 훌륭한 결실을 얻는다.

성공에 훈련이 필요한 이유는 무엇일까? 이와 관련해 기업가

이자 《아주 작은 습관의 힘Atomic Habits》(비즈니스북스, 2019)의 저자인 제임스 클리어와 이야기를 나누었다. 새로운 기술을 배우든 큰 프로젝트를 완수하거나 네트워킹 이벤트에 더 많이 참석하든, 클리어는 원하는 목표를 달성하기 위한 습관을 들이기가 어렵지 않다고 말한다.

마침 새로운 한 해가 시작되는 시점에 이 인터뷰를 하고 있는데요, 새해 결심을 세우고도 실패하는 사람들은 어떻게 해야 더 잘해낼 수 있을까요?

클리어 목표를 이루기 위한 습관을 들이고 싶다면 명심해야 할 점이 두 가지 있습니다. 첫 번째는 많은 이들이 너무 거창한 목표나 야망 또는 결심에서 출발하고 바로 그 때문에 원하는 바를 이루지 못하는 경우가 많다는 겁니다. 습관이나 행동을 잘게 쪼개어 단순하고 쉽게 만드는 게 더욱 효율적으로 목표를 이루는 방법이에요. 그렇게 하면 목표를 유지할 가능성도 높아지고요.
  저는 이 방법을 '2분 법칙'이라고 부릅니다. 어떤 습관을 기르든 2분 이내에 할 수 있는 일로 축소하는 거죠. 그러니까 '내년에 책 30권 읽기'는 '하루에 1쪽 읽기'가 됩니다. '일주일에 4일 요가하기'는 '요가 매트 꺼내기'가 되고요.
  이 방법을 사람들이 그다지 좋아하지 않는 경우도 있어요.

'진짜 목표는 매일 요가 매트를 꺼내는 게 아니잖아. 실제로 운동을 해야 한다고!'라고 생각하거든요. 하지만 저는 이 규칙이 새로운 습관을 들이는 데 매우 중요하고, 새해 결심에도 반드시 적용해야 한다고 생각해요. 잘못된 습관을 바로잡기 위해서는 먼저 좋은 습관을 만들어야 해요. 습관을 자기에게 맞게 바꾸거나 발전시킬 방법을 고민하기 전에 먼저 습관을 생활의 기준으로 삼아야 하죠.

두 번째는 결과보다 자신의 정체성에 더 집중하는 겁니다. 보통 새해 결심은 책을 몇 권 읽는다거나, 체중을 얼마만큼 감량한다든가, 돈을 얼마나 번다든가 하는 내용이에요. 하지만 먼저 자신에게 물어봐야 할 중요한 질문이 있습니다. "이런 결과를 달성할 수 있는 사람은 어떤 사람일까?"라는 질문이죠.

10킬로그램을 감량할 수 있는 사람은 어떤 사람일까요? 아마 운동을 빠지지 않고 꾸준히 하는 사람일 겁니다. 특정 결과를 달성하는 것보다 이런 정체성을 강화하는 습관을 만드는 데 초점을 맞추는 거죠. 그리고 매일 특정 유형의 사람처럼 행동하면 결과는 자연스럽게 따라옵니다.

정체성에 대한 시각이 흥미롭네요. 《아주 작은 습관의 힘》에 우리가 "나는 아침형 인간이 아니다, 나는 이름을 잘 기억 못 한다, 항상 늦는다, 기술이 부족하다, 수학을 끔찍하게 못 한다" 같은 말로 자기 자신을 제한한

ON HIGH PERFORMANCE

다는 말이 나오죠. 저도 일찍 일어나는 습관을 들이고 다른 사람의 이름을 더 잘 기억하거나 수학과 기술에 더 능통하면 경제·경영 전문 기자로서 일을 훨씬 더 잘할 수 있다는 걸 알면서도 이런 말을 자주 하고 있어서 웃음이 나더라고요. 그렇다면 나 자신에 대한 생각을 바꾸려면 어떻게 해야 할까요?

습관은 우리 내면의 이야기를 바꿀 수 있습니다. 바로 그래서 습관이 중요하지요. 다시 말해 습관으로 자기 자신의 이미지를 바꿀 수 있어요. 어떤 일을 처음 할 때나 10번, 100번 정도 할 때는 아직 자기를 다르게 보거나, 새로운 정체성을 온전히 받아들이지 못할 수도 있어요. 그러다 어느 순간, 보이지 않는 문턱을 넘으면 "나는 공부하는 사람이구나" 또는 "나는 결국 깨끗하고 정리를 잘하는 사람이구나" 하고 생각하기 시작하죠.

우리가 하는 행동 하나하나가 자신이 어떤 사람이 되고 싶은지 투표하는 것과 같습니다. 그러니까 더 많이 행동하고 습관을 실천할수록, 특정한 유형의 사람이 되자고 더 많이 생각할수록, 더 많은 증거를 쌓을수록 "이봐, 이게 진짜 내 모습이야"라는 사실을 깨달을 가능성이 높아지는 거예요.

바로 이런 점 때문에 제 접근방식은 행동 변화에 대해 흔히 말하는 '될 때까지 그런 척하라'와 같은 방식과 다릅니다. '될 때까지 그런 척하라'는 말은 아무 증거도 없이 자신에 대해 긍정적인 믿음을 형성하도록 요구합니다. 증거가 없는 믿음에 대한 단어를 일컫는 말이 있는데, 바로 망상이죠.

우리의 뇌는 우리가 계속 말하는 자신의 모습과 실제의 행동이 일치하지 않는 상태를 좋아하지 않습니다. 행동과 신념은 서로 떼려야 뗄 수 없는 관계이고, 행동이 앞서야 해요. 먼저 팔굽혀펴기 1번으로 시작하세요. 한 문장 쓰기부터 시작해도 좋고요. 1분 동안 명상하기로 시작하는 것도 좋아요. 뭐든 상관없어요.

행동하는 순간만큼은 자신이 작가라는 사실, 운동을 빼먹지 않고 하는 사람이라는 사실, 명상가라는 사실을 부정할 수 없게 돼요. 그리고 장기적으로는 이게 진짜 목표입니다. 우리의 목표는 마라톤에 나가는 게 아니에요. 달리는 사람이 되는 거죠. 그리고 일단 자신에게 새로운 정체성을 부여하기 시작하면 애써 행동을 바꾸려 할 필요가 없답니다. 그냥 스스로 생각하는 자신의 모습에 따라 행동하게 되니까요. 그런 면에서 진정한 행동의 변화는 정체성의 변화라고 할 수 있죠.

이 방법을 일에 어떻게 적용할 수 있을까요? 잘못된 습관은 사람을 망가뜨리고, 좋은 습관을 익히면 사람이 성장할 수 있다고 생각하시나요?

일과 관련된 습관은 크게 두 가지 범주로 나눌 수 있습니다. 첫 번째 범주는 에너지 습관이라고 할 수 있어요. 예를 들면 바람직한 수면 습관을 만드는 거죠. 수면 습관은 일종의 메타 습관이에요. 이 습관이 몸에 배면 다른 습관을 더 잘 수행할 수 있는 상태가 되거든요. 충분한 휴식을 취하지 못하면 매일의 성과에도 방해를 받으니까요. 건강에 관련된 습관 중 상당수가 이 범주에 속합니다. 운동과 스트레스 해소, 좋은 영양 섭취 등의 습관이 전부 에너지 습관에 해당하죠.

두 번째로 지식노동과 더 직접적으로 관련된 습관이 있습니다. 저는 이 습관을 주의력 습관이라고 불러요. 우리 같은 사람들, 특히 지식노동에 시간을 투자하거나 창조성의 대가를 받는 사람들에게 있어 우리가 떠올린 아이디어는 자기가 주의를 기울인 곳에서 생기는 결과물인 경우가 많죠. 자주 읽는 콘텐츠와 자주 소비하는 콘텐츠가 우리의 생각, 우리가 떠올리는 창의적이고 혁신적인 아이디어의 씨앗이 되는 거예요.

소비 습관, 즉 주의력 습관을 개선하면 직장에서의 생산성을 크게 높일 수 있어요. 우리는 모두 정보의 홍수 속에 살고 있잖아요. 그러니까 트위터에서 팔로우하는 사람, 매일 읽는 기사, 선택하는 뉴스의 출처, 읽은 책 등 정보 피드를 큐레이션하고, 편집하고, 다듬고, 필터링하는 능력은 앞으로의 생산량을 가늠하는 데 매우 중요해요. 우리가 앞으로 어떤 결과를 만들 것인지와 관련이 있기도 하고요.

중요한 습관이 또 있는데, 이 습관의 목적은 무언가를 만드는

게 아니라 무언가를 없애는 거예요. 한마디로 방해 요소를 줄이는 거죠. 예를 들면, 제가 지난 1년 동안 지켜온 습관 중 하나는 매일 점심시간까지 스마트폰을 다른 방에 두는 거였어요.

저는 재택근무를 하는데, 스마트폰을 가져와서 책상 위에 놓아두면 저도 다른 사람들처럼 돼요. 책상 위에 있다는 이유만으로 3분마다 스마트폰을 확인하거든요. 하지만 다른 방에 두면 단 30초 거리만 떨어져 있어도 절대 거기까지 찾으러 가지 않아요. '내가 이걸 원했는가, 원하지 않았는가?'라는 질문을 던져보면 흥미로운 사실을 알 수 있습니다. 스마트폰이 옆에 있을 때는 3분마다 확인할 정도니, 그만큼 간절히 보고 싶어했다는 의미죠. 하지만 다른 방에 두었을 때는 30초를 걸어가 찾아오지는 않았으니까 그만큼 간절히 원하지는 않았던 거예요.

이런 상황이 발생하는 이유는 대체로 기술과 편리함, 현대 사회에 젖어 있는 우리의 습관, 특히 스마트폰을 보는 습관 때문입니다. 이런 행동은 너무 자연스럽고 편리하고 쉬워서 우리는 아무 거리낌 없이 끌려다니죠. 하지만 아주 작은 행동만으로도 이런 습관에서 벗어날 수 있어요.

그러니 직장의 책상이나 집의 사무실, 주방 조리대 등의 환경을 재설계하여 무심코 해버리고 마는 행동을 생산적인 행동으로 바꾸고 우리의 주의를 빼앗는 행동에 대한 마찰을 증가시키면 주의력의 습관이 더 생산적인 영역에 할당될 거예요. 요약하자면, 일에서의 생산성을 높이기 위해서는 에너지 습관과 주의력 습관에 집중해야 한다고 말하고 싶군요.

적극적인 행동이 필요한 습관은 어떤가요? 영업 전화를 더 많이 돌리거나 네트워킹 이벤트에 더 많이 참석하도록 강제하는 습관 말이에요.

물론 적극적인 자세는 인생에서 매우 중요합니다. 저 역시 우리가 갖춰야 할 훌륭한 자질이라고 생각해요. 그런데 영업 전화를 '억지로' 하거나 네트워킹 이벤트 등에 '억지로' 참석한다는 표현은 좀 그렇군요.

동기 부여. '동기 부여'라고 하면 좋겠네요.

아, 좋아요. '동기 부여'라는 표현이 이 문제를 바라보는 더 나은 방식이겠군요. 스스로에게 동기를 부여하는 방법은 여러 가지예요. 스스로 다음과 같은 질문을 해보는 거예요. 이 일의 진정한 목표는 무엇일까? 이걸 쉽게 할 수 있다면 어떤 느낌이 들까? 내 삶에 큰 긴장을 일으키지 않으면서 목표를 달성할 방법은 무엇일까? 하는 식으로요.
　이런 질문들은 어떤 목표를 달성하려 하든 반드시 묻고 곰곰이 생각해봐야 합니다. 어떤 행동을 하는 이유는 그 일이 매력적으로 보여서든 편리하기 때문이든 혹은 자신의 성격이나 강점과 일치하기 때문이든, 결국은 우리가 매력을 느껴서 저절로 하고자 하기 때문이거든요. 그러므로 억지로 애써서 해야 하는 행동보다 자연스럽게 끌리는 행동에 집중하는 쪽이 우리가 일반적으로 취해야 할 올바른 접근 방식이라고 생각해요.

방금 나온 네트워킹 이야기를 예로 들어볼까요. 현대의 노동 환경에서 인맥은 매우 강력하고 중요한 요소예요. 하지만 내성적인 성격이거나 수다를 떠는 걸 좋아하지 않는 사람에게는 네트워킹 이벤트가 악몽처럼 느껴질 수도 있거든요.

다행히 요즘은 다양한 방식으로 인맥을 쌓을 수 있어요. 가장 효과적인 전략은 작업을 훌륭하게 해낸 다음 이를 공개적으로 공유하는 거죠. 기사를 작성하는 것도 좋고, 팟캐스트를 녹음하거나 유튜브 동영상을 제작하는 것도 좋아요. 어느 쪽이든 자신에게 흥미로운 일을 하고 그 결과를 세상에 공개하면 돼요. 그러면 이 매체가 비슷한 생각을 하고 비슷한 관심사가 있는 사람들을 끌어당기는 자석과 같은 역할을 하게 되죠. 칵테일 파티에 가는 것보다 훨씬 더 강력한 형태의 네트워킹이 될 수 있어요.

여기서의 핵심은, 이런 질문(진정한 목표는 뭘까? 이걸 쉽게 할 수 있다면 어떤 느낌이 들까? 내 삶에 마찰을 일으키지 않으면서 이걸 추가하거나, 그냥 하거나, 달성할 수 있는 방법은 없을까?)을 던져보면서 같은 결과를 달성하는 다른 방법을 발견해보라는 거예요.

무언가를 쓰거나 중요한 프로젝트에 본격적으로 착수할 때, 그 일에 많은 시간을 할애할 수 있도록 스스로를 독려할 수 있는 방법이 있을까요?

《아주 작은 습관의 힘》에서 저는 저명한 무용 안무가이자 강사인 트와일라 타프Twyla Tharp의 이야기를 소개했습니다. 트와일라는 습관을 중시하고 경력 전반에 걸쳐 훌륭한 루틴을 갖추고 있죠. 매일 아침 헬스장에서 2시간 동안 운동하는 루틴이 대표적인 예시입니다. 하지만 트와일라는 이 습관의 핵심이 헬스장에서 운동하는 일이 아니라 아파트 앞에서 택시를 부르는 일이라고 말해요.

이건 중요한 일을 해내려는 사람이라면 누구나 알아야 하는 지식입니다. 어떻게 하면 내가 원하는 곳에 집중할 수 있을까요? 그 해답은 습관을 종착점이 아니라 출발점으로 삼는 거예요. 습관을 고속도로로 가는 진입로쯤으로 보는 거죠.

내가 시간을 투자해야 할 생산적인 일은 뭘까? 가장 가치가 높은 작업은 뭘까? 행동의 사슬을 거슬러 올라가 창끝을 찾아보는 거예요. 그 시작점은 어디일까요? 그런 다음 처음 1~2분에 무엇을 하는지 알 수 있다면, 그러니까 트와일라의 예에서처럼 택시를 부르는 일을 습관화할 수 있다면 그다음에 할 일은 저절로 따라옵니다.

책에 빅토르 위고Victor Hugo가 앉아서 일하기 위해 자신을 독려하는 새로운 방법을 개발했다는 이야기도 나오는데요.

위고는 여러 책을 썼는데, 《노틀담의 꼽추The Hunchback of Notre Dame》를 집필하기로 계약했을 때 선금을 받고 계약서에 서명한 다음, 1년 동안 그냥 미루기만 하면서 시간을 보냈어요. 흔한 경우죠. 친구들을 초대해 저녁식사를 했어요. 여행도 다녔고요. 외식도 하러 나갔어요. 말 그대로 책 쓰는 일을 제외하고 모든 일을 한 거죠.

그때는 스마트폰 같은 첨단 기술이 주의력을 흐리던 시절도 아니었을 텐데요.

그러니까요. 어쩌면 우리는 시대에 상관없이 시간을 더 재미있고 즐겁게 사용하는 데 끌리게 되는지도 모르죠.

결국 이 사실을 알게 된 출판사에서는 위고에게 "이봐요, 6개월 안에 책을 완성하지 않으면 돈을 돌려달라고 할 거요"라고 경고했어요. 최후통첩을 받은 위고는 방 안의 옷을 전부 모아 커다란 상자에 넣고 잠근 다음 집 밖에 내놨어요. 남은 건 커다란 숄과 입고 있는 가운뿐이었죠.

갑자기 손님을 접대할 때 입을 만한 옷이 전부 사라져버렸어요. 여행할 때 입을 옷도 없고, 외식하러 나갈 만한 옷도 없었고요. 위고는 말 그대로 스스로 가택 연금에 들어갔고, 이 방법은 효과가 있었어요. 5개월 반 만에 책을 썼고, 2주나 일찍 원고를 건넬 수 있으니까요.

현대에는 위고가 쓴 방법을 '이행 장치'라고 불러요. 제 생각에 이행 장치가 강력한 이유는 습관을 더 매력적으로 만드는 방법이기 때문입니다. 다른 예로, 오늘 밤 잠자리에 들면서 스스로 이렇게 생각한다고 상상해보죠. '좋았어, 내일 일어나서 6시에 조깅하러 나가야지.' 그런데 막상 아침 6시가 되니 침대는 따뜻하고 밖은 추워요. 그래서 '그냥 좀 더 자야겠어'라고 생각하고 다시 잠들게 돼요.

시계를 되감아 하루 전으로 돌아간다고 해볼게요. 그런데 이번에는 친구에게 연락해 "6시 15분에 공원에서 만나서 달리자"라고 말하는 거예요. 어느덧 아침 6시가 됐는데 침대는 여전히 따뜻하고 밖은 여전히 추워요. 하지만 일어나서 달리러 가지 않으면 친구를 혼자 공원에 내버려둔 얼간이가 되어버려요. 별안간 늦잠을 자는 습관은 덜 매력적으로, 일어나서 달리기를 하는 습관이 더 매력적으로 바뀐답니다.

좋아요. 이제 첫걸음을 내디뎠어요. 매일 아침 이상적으로 쉬운 진입로에 들어섰다고 해볼게요. 앞으로 계속 더 의미 있고 눈에 띄는 전진을 이 어느 시점에서는 그 쉬운 습관에서 졸업하고 싶어질 겁니다. 전 이것을 습관 졸업이라고 해요. 다음 단계로 나아가고 싶어지는 거죠. 제 일반적인 경험 법칙에 따르면 매일 1퍼센트씩 더 나아지려고 노력해야 해요. 돈이 복리로 불어나는 것과 마찬가지로, 습관 역시 시간이 지나면서 반복할수록 그 효과가 배가되거든요. 습관을 자기계발의 복리라고 말하고 싶네요.

독서를 예로 들어보죠. 책 1권을 읽는다고 천재가 되지는 않아요. 하지만 매일 책을 읽는 습관을 기른다면 1권씩 책을 연달아 완독할 뿐 아니라 완독할 때마다 이전에 읽었던 모든 책을 새로운 틀이나 새로운 방식으로 바라보게 돼요. 그리고 이런 연결 지점이 많아질수록 더 다양한 관점을 수집하게 되고, 그 위에 지식이 쌓이기 시작한답니다. 습관이 이와 같아요. 매일 10분씩 일을 더 해보세요. 영업 전화를 한 번 더 걸 수도 있죠. 이메일을 하나 더 보낼 수도 있고요. 아니면 이미 작성했거나 수정한 내용을 검토하거나, 변경이나 개선하는 데 10분 더 투자할 수도 있겠네요.

하루에 10분 더 일하는 것 자체는 그리 큰일이 아니에요. 하지만 그렇게 하지 않는 사람과 30년 동안 매일 10분씩 추가로 일하는 사람을 비교해보면 10분간의 추가 시간은 놀라울 정도의 복리가 되어 쌓입니다. 하루에 단 한 번만 더 영업 전화를 추가로 돌리면 몇 년, 몇 십 년 후에는 엄청나게 큰 차이가 되죠.

좋은 습관이 있으면 시간은 우리 편이 됩니다. 참을성만 있으면 돼요. 참을성 있게 복리 효과가 나타나기를 기다리는 거죠. 하지만 잘못된 습관이 있다면 시간은 우리의 적이 되고 말아요. 하루가 지날 때마다 구멍이 조금씩 더 깊게 패이고, 조금씩 더 깊이 수렁에 빠지겠죠.

듣기에는 이 과정이 마치 선형적으로 진행되는 것 같아요. 하지만 그렇지 않다고 주장하셨죠. 습관을 쌓으려고 노력하다 보면 멈출 때도 있고 퇴보할 때도 있을 거잖아요. 그렇다면 어떻게 그런 상황을 극복하고 계속 나아갈 수 있을까요?

정말 좋은 질문이에요. 감정적인 문제는 정말 중요하거든요. 이런 이야기를 많이 들어보셨을 거예요. "한 달 동안 달렸는데 왜 몸에 변화가 없죠?"라거나 "소설을 쓴 지 5개월 반이 지났는데 아직 윤곽을 잡지 못했어요. 이걸 완성할 수 있을까요?" 같은 이야기말이에요. 저도 독자들로부터 이런 말을 많이 들어요.

한창 과정에 몰두할 때는 그런 기분이 들기 쉬워요. 그래서 저는 습관을 만드는 과정을 얼음 조각을 데우는 과정에 비유하곤 합니다. 방에 들어갔는데 영하 4도 정도로 추웠다고 해보죠.

입김이 보일 정도인데, 앞에 있는 탁자 위에 얼음 조각이 놓여 있는 거예요. 이제 방을 천천히 데우기 시작해요. 처음에 얼음은 그대로일 겁니다. 그러다가 영하 3도, 영하 2도, 영하 1도, 그리고 영하 1도에서 0도로 올라가는데, 이 1도의 변화 역시 그 이전의 다른 모든 1도의 변화와 다르지 않아요. 하지만 갑자기 전환점에 도달하면 얼음 조각이 녹아내리기 시작하죠.

더 나은 습관을 만들고 더 나은 결과를 얻으려 하는 과정은 이와 같습니다. 매일매일 조금씩 나아지고 있고, 그 정도도 조금씩 높아지고 있어요. 우리는 매일 조금씩 나아지고 있는 거예요. 1퍼센트씩 좋아지고 있죠. 하지만 아직 원하는 결과를 얻지는 못했어요. 지연된 보상이 아직 나타나지 않았기 때문이죠.

그래서 포기하고 싶은 마음이 들기도 해요. 하지만 한 달, 3개월, 6개월 동안 습관을 들인 후 포기하는 건 얼음 조각을 영하 4도에서 영하 1도로 가열하고 나서 아직 녹지 않는다고 불평하는 것과 같아요. 노력은 낭비되지 않습니다. 저장될 뿐이죠. 그리고 이 노력을 계속 이어나가려는 의지가 중요해요.

저는 NBA의 프로농구팀 샌안토니오스퍼스를 정말 좋아합니다. 이 팀은 NBA 우승을 5번이나 차지했죠. 팀의 라커룸에 걸려 있는 명언이 있는데, 이 명언이 팀의 철학을 잘 요약하고 있어요. "포기하고 싶을 때마다 망치로 100번 두드려도 금이 가지 않는 바위 앞에 선 석공의 모습을 떠올린다. 101번째 두드리는 순간 바위는 둘로 쪼개진다. 101번째에서야 쪼개지는 것이 아니라 그 전의 100번을 모두 더해 쪼개진 것이다"라는 이야기를 통해 노력의 필요성을 일깨워주죠.

습관을 바로잡으려 할 때도 이런 식으로 접근해야 해요. 소설을 완성하는 것은 마지막 문장이 아니라 그 전에 쓴 문장 전부예요. 원하는 몸매를 만드는 것은 마지막에 한 운동이 아니라 그 전까지 쌓아온 운동 전부고요. 만약 여러분이 기꺼이 노력하면서 바위를 계속 두드리며 잠재적 에너지를 계속 쌓아 올리고, 그 노력이 낭비되는 것이 아니라 저장되고 있다는 것을 안다면, 궁극적으로 자신이 원하는 보상을 얻을 수 있을 겁니다.

작가님은 야구 선수로 활동하신 것으로 알고 있고 있는데요. 스포츠는 좋은 습관과 루틴을 개발해야 하는 분야죠. 매일같이 운동을 반복하면 점점 강해지겠죠. 매일 서브를 100개씩 넣으면 정확도가 높아질 거고요. 설령 실력이 정체되거나 퇴보하더라도 발전하고 있다는 느낌이 들 거예요. 하지만 스포츠와 달리 노력과 성취 사이의 상관관계가 명확하지 않은 근무 환경에서는 습관을 몸에 익히기가 훨씬 더 어려워 보이거든요.

여기서 핵심은 피드백이 가시적으로, 신속하게 제공되어야 한다는 점이에요. 저는 이 점이 매우 중요하다고 생각하고,《아주 작은 습관의 힘》에서 이를 '행동 변화의 기본 규칙'이라고 불러요.

규칙은 이렇습니다. '보상을 받는 즉시 행동은 반복된다. 처벌을 받는 즉시 행동을 피하게 된다.'

예를 들어, 스포츠에서는 서브를 넣자마자 서브가 정확한지 아닌지 바로 알 수 있어요. 코트 안에 들어갔는지 밖으로 나갔는지 바로 판단할 수 있죠. 이처럼 빠른 피드백을 통해 다음번에는 조금이라도 조정할 수 있어요. 그런 다음 그 서브를 계속 반복해서 연습하는 거죠.

하지만 현대의 근무 환경, 특히 조직이 크면 클수록 피드백이 매우 지연돼요. 그리고 불투명하죠. 자신의 기여가 수익에 어떤 영향을 미쳤는지, 생산량 측면에서 어떤 결과물을 만들어냈는지 확인하기가 어려워요.

여기에서 교훈을 얻을 수 있습니다. 인간의 뇌에 가장 큰 동기를 부여하는 감정이 '발전하고 있다는 느낌'이라는 것 말이에요. 개인의 삶에서는 무엇을 점검하고 싶은지 스스로 결정할 수 있어요. 저는 개인적으로 매주 금요일마다 주요 지표와 매출, 비용과 수익 등을 점검하는 주간 리뷰를 해요.

예를 들어 우리 아버지는 수영을 좋아하세요. 그런데 아버지가 수영장 밖으로 나오실 때면 물속에 들어갔을 때와 나올 때의 몸이 똑같아 보여요. 가시적인 피드백이 없죠. 그래서 아버지는 작은 달력에 수영한 날짜마다 'X'자 표시를 하세요. 아주 사소한 일이지만, 발전하고 있다는 걸 알려주는 신호가 되거든요. 그날

ON HIGH PERFORMANCE

아버지가 노력해서 올바른 일을 했다는 신호이기도 하고요.

아버지의 이야기에 많은 관리자나 기업가들이 활용할 수 있는 가르침이 담겨 있다고 생각해요. 피드백의 속도와 측정의 속도는 습관의 빈도에 맞추어야 한다는 거죠.

그럼 더 나은 관리자가 되고자 하는 큰 목표가 있다면 어떻게 해야 할까요? 어떻게 이 목표를 더 작은 단계로 나눌 수 있을까요? 지금까지 설명하신 것처럼 말이에요.

저라면 "좋아, 난 지금보다 더 나은 관리자가 되고 싶어. 훌륭해. 좋은 비전이야. 그런데 더 나은 관리자는 뭘 하지? 매일 어떤 행동을 할까? 그런 사람에게는 어떤 습관이 있지? 훌륭한 관리자가 될 수 있는 사람은 어떤 사람일까?"라고 질문하는 데서 출발할 거예요.

그런 다음 "아, 좋은 관리자는 매일 칭찬을 하는 사람이야"와 같이 자신의 답을 이끌어내기 시작하죠. 그러면 팀 회의를 시작할 때마다 긍정적인 말을 하는 습관을 들일 수도 있어요. 아니면 "아, 훌륭한 관리자는 롤모델이 되고, 문화적 행동의 모범이 되지. 우리가 자주 투명성에 대해 이야기하니까 앞으로는 매일 또는 매주 어떤 방식으로든 투명하게 일하는 습관을 만들어야겠어. 내가 먼저 내 사생활에 대해 이야기하면서 일대일 대화를 시작하고 먼저 약한 부분을 보이면 직원들이 나를 따르겠지"라고 생각할 수도 있고요.

제가 무슨 말을 하는지 아실 거예요. 훌륭한 관리자가 어떤 행동을 하는지 알면 집중할 수 있는 구체적인 대상이 생겨요. '그래, 난 지금보다 더 나은 관리자가 되고 싶어'라고 생각하면서도 실제로 행동으로 옮기기는 매우 어려운, 고차원적인 메타 모드에 갇히지 않고 구체적인 습관을 기르는 데 집중할 수 있죠.

그렇다면 왜 좋은 습관은 몸에 익히기 어렵지만 무너지기 쉽고, 나쁜 습관은 금방 생기는데 버리기는 어려울까요?

저도 《아주 작은 습관의 힘》을 쓰면서 이 점을 많이 고민했어요. 실제로 이 질문을 던지기만 해도 좋은 습관을 만들거나 나쁜 습관을 바로잡기 위해 무엇을 해야 하는지 잘 알 수 있습니다.

우리가 좋은 습관을 만들고 싶어한다고 가정해보죠. 그런데 왜 이렇게 잘못된 습관에서 빠져나오기 어려울까요? 이런 질문을 통해 우리는 습관에 다양한 특성이 있다는 사실을 알 수 있어요. 나쁜 습관의 첫 번째 특성은 눈에 잘 띈다는 거예요. 예를 들어 패스트푸드점에서 식사하는 것이 우리가 말하는 나쁜 습관 또는 별로 하고 싶지 않은 습관이라고 해볼게요.

미국에서는 길을 따라 15분 이상 운전할 때 패스트푸드점을 마주치지 않고 지나가기가 어려워요. 패스트푸드점은 눈에 아주 잘 띄죠. 우리 주변에 널리 퍼져 있어요. 우리가 좋은 습관을 들일 때 바로 이런 점을 참고할 수 있어요. 좋은 습관을 계속 유지하려면 그 습관을 우리 주변의 일부분으로 만들어야 하는 거죠.

나쁜 습관의 또 다른 특징은 대단히 편하다는 점이에요. 어려움이라고는 전혀 없어요. 나쁜 습관은 대체로 편하기 때문에 좀처럼 버리기 어렵습니다. 그러니 좋은 습관을 유지하고 싶다면 이 습관을 가능한 쉽고 편하게 만들어야겠죠.

나쁜 습관의 또 다른 특성은 대체로 그 보상은 즉각적인데 대가는 지연된다는 점이에요. 좋은 습관은 그 반대인 경우가 많아요. 일주일 동안 운동을 해봤자 장점이 그리 대단해 보이지 않아요. 오히려 몸이 아프기만 할 뿐이죠. 실제로 내 모습이 변하지도 않고요. 거울을 봐도 똑같아 보일 뿐이죠. 몸무게도 비슷해요. 1년, 2년, 3년 동안은 그 습관을 유지해야만 원하는 결과를 얻을 수 있거든요.

그러니까 간극이 생기는 거예요. 처음에 여러 좋은 습관을 키우려 할 때는 낙담의 골짜기 같은 구간을 만나게 돼요. 습관을 시작하기는 했지만, 습관을 통해 기대하는 즉각적인 보상을 얻지 못하기 때문이에요. 반면, 나쁜 습관에서는 즉각적인 결과("이봐, 지금 당장 기분이 좋잖아. 난 이걸 해야겠어")와 그에 따르는 보상 사이에 불일치가 발생해요. 장기적으로 봤을 때 결국 자신에게 해가 된다는 사실이 밝혀지죠.

좋은 습관의 대가는 현재에 있어요. 잘못된 습관의 대가는 미래에 치러야 하죠. 나쁜 습관은 쉽게 형성되고 좋은 습관은 형성될 가능성이 낮거나 형성되기 어려운 이유 중 상당 부분은 시간과 보상 사이의 간극에 있답니다.

제임스 클리어는 습관 형성, 의사결정 등 지속적인 자기 관리에 대한 다양한 인사이트를 제공하는 뉴스레터 발행자로, 베스트셀러 《아주 작은 습관의 힘》의 저자다. 그는 촉망받는 야구선수였으나 훈련 중 얼굴뼈가 30조각이 나는 사고를 당했다. 그러나 매일 1퍼센트의 성장을 목표로 훈련한 끝에 6년 후 대학 최고 남자 선수로 선정됐다. 그의 뉴스레터 중 일부는 〈뉴욕 타임스〉, 〈월스트리트 저널〉, 〈포브스〉, 〈타임〉 등 저명한 매체에 소개됐다.

앨리슨 비어드는 〈하버드 비즈니스 리뷰〉의 수석 편집자다.

크로스 트레이닝으로
강점을 극대화하라

존 H. 젱어, 조셉 포크먼, 스콧 에딩거

톰은 〈포춘〉 선정 500대 기업의 중간급 영업 임원이었다. 그는 이 기업에서 10여 년을 근무하면서 혁혁한 실적을 올려 좋은 평가를 받으며 계속 성장했으며 마침내 전 세계적으로 주목받는 제품 조정product-alignment 담당자로 지원했다. 자신이 그 자리에 가장 적합한 후보이며, 그의 기술과 야망에 완벽하게 맞아 떨어진다고 확신했다. 그의 실적은 탄탄했다. 어리석은 실수나 경력에 해가 될 만한 행동을 한 적도, 고위 경영진과 마찰을 일으킨 적도 없었다. 그런데도 자기보다 경험이 적은 동료가 그 자리를 차지하자 그는 깜짝 놀랐다. 도대체 무엇이 문제였을까?

톰이 아는 한 자신에게는 아무 문제도 없었다. 모두가 그의 업무에 만족했고, 관리자는 그가 승진하리라고 장담했으며, 최근의 360도 평가(360-degree assessment, 개인을 평가할 때 직속 상사만이 아니라 여러 사람이 다양한 방면에서 평가하는 제도-옮긴이) 결과 역시 훌륭했다. 톰은 모든 영역에서 평균 이상이었고, 결과를 제대로 냈을 뿐만 아니라 문제 해결과 전략적 사고는 물론 다른 사람들이 최고의 성과를 낼 수 있도록 영감을 주는 데도 뛰어났다. 톰의 상사는 이렇게 말했다. "다른 모습을 보여줄 필요가 없어요. 지금 하던 대로 계속하면 돼요. 강점을 살리세요."

그런데 어떻게 승진에서 제외된 걸까? 톰은 어찌할 바를 몰랐다. 좀 더 전략적으로 사고해야 할까? 더 많은 영감을 주어야 할까? 더 열심히 문제를 해결해야 할까?

약점을 개선하는 일은 쉽고 간단하다. 선형적linear 개발, 즉 기본적인 기술을 배우고 연습하면 꾸준히 측정 가능한 결과를 얻을 수 있기 때문이다. 하지만 데이터에 따르면 강점 개발은 약점 개선과 다르다. 이미 잘하고 있는 일을 더 많이 하면 점진적으로만 개선될 뿐이다. 눈에 띄게 잘하려면 상호 보완적인 기술을 배워야 한다. 이를 비선형적non-linear 개발이라고 한다. 운동선수들에게는 오랫동안 크로스 트레이닝으로 익숙해진 방식이다. 예를 들어, 초보 러너는 스트레칭을 하고 여러 차례 달려보면서 점차 기록을 늘려 지구력과 근육 기억을 키울 수 있다. 그러나 숙련된 마라토너는 단순히 더 먼 거리를 달린다고 해서 기록이 크게 단축되지 않는다. 다음 단계에 도달하려면 웨이트 트레이닝과 수영, 자전거 타기와 인터벌 트레이닝, 요가 등을 통해 부족한 부분을 보완하는 기술을 익혀야 한다.

리더십 역량도 마찬가지다. 좋은 수준에서 훨씬 더 나은 수준으로 발전하려면 크로스 트레이닝을 해야 한다. 예를 들어, 기술적으로 능숙한 상태에서는 기술 매뉴얼을 더 깊이 살펴본다고 자신의 전문 지식을 상대에게 분명하고 쉽게 전달할 수 없다. 이때는 의사소통 기술과 같은 보완적 기술을 연마해야 한다.

여기에서는 지금보다 더 유능한 리더가 되기 위한 간단한 방법을 소개한다. 이를 위해 톰이 어떻게 자신의 강점을 파악했는지, 어떤 강점에 집중하고 어떤 보완적인 기술을 배우기로 했는지, 그 결과는 어땠는지 살펴볼 것이다. 이 과정은 간단하지만 보완 방식이 항상 명확하게 정해져 있는 것은 아니다. 따라서 크로스 트레이닝에 해당하는 리더십부터 자세히 살펴보자.

잘하는 것을 잘하기보다 보완하는 기술을 익혀라

크로스 트레이닝에서 두 가지 활동을 결합하면 한 가지 활동만으로 얻을 수 있는 것보다 훨씬 더 큰 개선 효과를 얻을 수 있다. 이를 상호작용 효과라고 한다. 식이요법과 운동을 병행하면 둘 중 한 가지만 실시할 때보다 훨씬 더 효과적으로 체중을 감량할 수 있는 것과 마찬가지다.

그렇다면 리더십은 어떤 트레이닝과 결합할 때 크게 증진될 수 있을까? 과거 수행한 연구를 통해 수익성 향상과 구성원의 몰입도, 매출과 고객 만족도 등 사업상 긍정적인 결과와 밀접하게 관련된 16가지 차별화 리더십 역량이 발견됐다. 이 16가지 역량 중에서 유의미한 상호작용 효과를 거둘 만한 조합이 있을까?

우리는 약 3만 명의 중간 관리자를 대상으로 한 25만 건 이상의 360도 평가 데이터베이스를 살펴서 서로 결합했을 때 훨씬 더 높은 평가를 받은 조합을 찾아냈다. '결과에 집중함'과 '관계 구축'이라는 역량을 예로 들어보자. '결과에 집중함' 역량에서는 비교적 높은 점수(상위 25퍼센트)를 받았지만 '관계 구축' 역량에서는 낮은 점수를 받은 리더 중에는 오로지 14퍼센트만이 전반적인 리더십 영역에서 상위 10퍼센트에 도달했다. 마찬가지로, 관계 구축은 잘하지만 결과에 집중하지 못하는 사람 중에는 12퍼센트만이 이 수준에 이르렀다. 하지만 두 범주 모두에서 좋은 성과를 거둔 리더에게는 극적인 차이가 있었다. 두 범주에서 상위 25퍼센트에 속하는 사람들의 72퍼센트가 전체 리더십 영역에서 상위 10퍼센트에 이르는 수준을 달성한 것이다.

전반적인 리더십과 16가지 차별화 역량으로 가능한 모든 조합 간의 상관관계를 측정하여 어떤 조합이 가장 강력한지도 알아냈다. 또한 16가지 역량과 다른 리더십 기술의 관계를 살펴보고, 이런 조합이 전반적인 리더십과 어떤 상관관계가 있는지 측정했다. 그 결과, 각 16가지 역량에는 최대 12가지의 관련 행동(동반 역량competency companion)이 있으며, 다른 차별화 역량과 결합했을 때 리더십을 크게 증진할 수 있다는 사실을 발견했다.

예를 들어, '정직하고 성실한 태도'라는 주요 역량을 개선하려면 어떻게 해야 할까? 더 정직해지면 될까? 실제로 질문했을 때 이렇게 답하는 응답자들이 많았다. 그러나 이는 틀렸다. 만약 이 부분이 취약하다면 개선할 수 있는 방법은 다양하다. 더 일관성 있게 행동하라, 말과 행동이 다르지 않게 하라, 약속을 지켜라 등등. 하지만 성실성이 높은 리더는 이미 이런 조언을 실천하고 있을 가능성이 높다.

동반 역량 연구는 역량을 발전시키기 위한 구체적인 길을 제시한다. 예를 들어, 적극성은 정직성 및 성실성과 결합할 때 전반적인 리더십 효과가 크게 증진된다. 이런 특성 사이에 인과 관계가 성립한다는 뜻은 아니다. 적극성이 강하다고 해서 정직한 사람이 되는 것은 아니며, 성실하다고 해서 적극성이 강해지는 것도 아니다. 하지만 원칙을 중시하는 리더가 더 적극적으로 행동하는 법을 배운다면, 신념에 따라 더 용기 있게 말하고 행동하는 뛰어난 리더가 될 수 있다.

전반적인 리더십 능력을 향상하는 동반 역량의 조합은 다양하다. 가령 실무를 잘 아는 리더가 의사소통 능력을 키우면 강점을 더욱 잘 드러낼 수 있다. 때로는 동반 역량을 개발하는 과정에서 배운 기술을 주요 역량에 색다른 방식으로 적용할 수도 있다. 그 예로, 혁신적인 리더가 변화를 주도하는 방법을 배우면 팀이 창의적인 성과를 낼 수 있도록 이끌어나갈 수 있다.

나의 강점을 극대화할 수 있는 기술은 무엇일까?

연구에 따르면 16가지 리더십 역량은 긍정적인 사업 성과와 밀접한 관계가 있다. 각 역량에는 최대 12개의 관련 행동인 '동반 역량'이 있으며, 이 역량을 개발하면 핵심 역량을 강화할 수 있다.

성격 특성

1. 정직하고 성실한 태도
   - 타인에 대한 관심과 배려
   - 신뢰할 만함
   - 낙관적인 태도
   - 단호함
   - 타인에게 영감과 동기 부여
   - 모호한 상황에 잘 대처함
   - 결단력이 있음
   - 결과에 집중함

개인적 역량

2. 직무 전문성을 발휘함
   - 문제 해결 및 쟁점 분석
   - 관계 및 네트워크 구축
   - 분명하고 폭넓은 의사소통
   - 탁월함 추구
   - 주도적 행동
   - 타인을 발전시킴
   - 정직하고 성실한 태도
   - 팀의 최선을 위한 행동

3. 문제 해결 및 쟁점 분석
   - 주도적 행동
   - 체계적이고 계획을 짜는 데 능숙함

- 결단력이 있음
- 혁신적임
- 과제를 해결하고자 함
- 전략적 관점 개발
- 독립적 행동
- 기술적 전문성 보유
- 분명하고 폭넓은 의사소통

4. 혁신적
- 위험을 감수하고 현상 유지에 맞섬
- 타인이 위험을 감수하도록 도움
- 문제 해결 및 쟁점 분석
- 변화 주도
- 성공과 실패로부터 빨리 배움
- 전략적 관점 개발
- 주도적 행동

5. 자기계발 실천
- 경청
- 타인의 아이디어에 개방적
- 타인 존중
- 정직하고 성실한 태도
- 타인에게 영감 및 동기 부여
- 효과적 피드백 제공
- 주도적 행동
- 위험을 감수하고 현상 유지에 맞섬

결과를 얻음
6. 결과에 집중함
- 체계적이고 계획적

- 정직하고 성실한 태도
- 문제 예측
- 원하는 결과를 명확하게 파악
- 효과적인 피드백 제공
- 도전적 목표 설정
- 강한 책임감
- 빠른 대응
- 보상 제공 및 인정
- 높은 성과를 내는 팀을 구성
- 적절한 자원 동원
- 혁신적

7. 도전적 목표 설정
- 타인에게 영감 및 동기 부여
- 위험을 감수하고 현상 유지에 맞섬
- 타인의 지지를 얻음
- 전략적 관점 개발
- 변화 주도
- 결단력이 있음
- 기술 및 사업 전문 지식 보유
- 결과에 집중함

8. 주도적 행동
- 문제 예측
- 속도 강조
- 체계적이고 계획적
- 다른 사람을 옹호함
- 모호한 상황에 잘 대처함
- 끝까지 밀고 나감
- 타인에게 영감 및 동기 부여

- 도전적 목표 설정
- 정직하고 성실한 태도

대인관계 기술
9. 분명하고 폭넓은 의사소통
- 타인에게 영감 및 동기 부여
- 전략적 관점 개발
- 도전적 목표 설정
- 외부 세계에 효과적으로 대처
- 신뢰할 만함
- 타인을 참여시킴
- 메시지를 명확하게 이해
- 문제 해결 및 쟁점 분석
- 주도적 행동
- 혁신적
- 타인을 발전시킴

10. 타인에게 영감 및 동기 부여
- 타인과의 정서적 교류
- 도전적 목표 설정
- 명확한 비전과 방향을 제시함
- 강력하고 폭넓은 의사소통을 함
- 타인을 발전시킴
- 협력 및 팀워크 구축
- 혁신 주도
- 주도적 행동
- 변화 주도
- 강력한 롤모델이 됨

11. 관계 구축
- 협력 및 팀워크 구축
- 정직하고 성실한 태도
- 타인을 발전시킴
- 경청
- 분명하고 폭넓은 의사소통
- 보상 및 인정 제공
- 포용적이며 다양성 중시
- 낙관적인 태도
- 자기계발 실천

12. 타인을 발전시킴
- 자기계발 실천
- 다른 사람에게 관심과 배려를 베풂
- 다른 사람의 성공을 동기로 삼음
- 포용을 실천하고 다양성을 중시함
- 전략적 관점 개발
- 효과적 피드백 제공
- 타인에게 영감 및 동기 부여
- 혁신적
- 보상과 인정 제공
- 정직하고 성실한 태도

13. 협력 및 팀워크 구축
- 신뢰할 만함
- 관계 및 네트워크 구축
- 포용적이며 다양성 중시
- 전략적인 관점 개발
- 도전적 목표 설정
- 분명하고 폭넓은 의사소통

- 정직하고 성실한 태도
- 변화에 적응함
- 타인에게 영감 및 동기 부여
- 타인을 발전시킴

변화
14. 전략적 관점 개발
- 고객에 집중함
- 혁신적
- 문제 해결 및 쟁점 분석
- 분명하고 폭넓은 의사소통
- 도전적 목표 설정
- 사업에서 통찰력 발휘
- 변화 주도
- 타인에게 영감 및 동기 부여

15. 변화 주도
- 타인에게 영감 및 동기 부여

- 관계 및 네트워크 구축
- 타인을 발전시킴
- 보상 및 인정 제공
- 포용적이며 다양성 중시
- 혁신적
- 결과에 집중함
- 위험을 감수하고 현상 유지에 맞섬
- 전략적 관점 개발

16. 집단을 외부 세계와 연결
- 폭넓은 관점 개발
- 전략적 관점 개발
- 타인에게 영감 및 동기 부여
- 뛰어난 대인관계 기술
- 주도적 행동
- 정보 수집 및 이해
- 변화 주도
- 분명하고 폭넓은 의사소통

차근차근 강점을 구축하라

리더십 기술을 향상하기 위한 크로스 트레이닝의 핵심은 다음과 같다. (1) 자신의 강점을 파악한다. (2) 조직에서 차지하는 비중과 본인의 열정에 따라 집중할 강점을 선택한다. (3) 강화하고자 하는 동반 역량을 선택한다. (4) 이 동반 역량을 선형적으로 개발한다. 다음에서 이 4가지 핵심에 대해 상세히 살펴보겠다.

1단계: 자신의 강점을 파악한다

강점을 파악하는 방법은 다양하지만 리더십의 특성을 고려하면 다른 사람의 견해가 가장 중요하다. 리더십이란 결국 다른 사람에게 미치는 영향이기 때문이다. 따라서 톰이 했던 대로 360도 평가로 시작해보자.

이상적으로는 심리측정학상 유효한 방식, 즉 자신(평가 대상)과 직속 팀원, 동료와 상사가 익명으로 리더십 특성을 질적으로 평가하는 설문지를 작성해야 한다. 이는 공식적인 절차여야 한다. 이 설문에는 평가 대상의 강점과 치명적 결점(만약 존재한다면), 이런 특성이 조직에 미치는 중요성에 관한 질적·개방형 질문도 포함되어야 한다. 여기서 '치명적 결점'이란 평가 대상에게 이미 존재하거나 혹은 앞으로 생겨날 우려가 있으며 다른 강점을 압도할 정도로 중요한 결점, 즉 커리어를 망칠 수 있는 결점을 의미한다.

전 구성원을 대상으로 360도 평가를 실시할 여력이 있는 조직은 많지 않다. 따라서 이런 방식이 불가능하다면 솔직하게 피드백을 줄 수 있을 만큼 편안한 관계의 동료에게 요청하는 방법이 있다. 혹은 별도의 피드백 양식을 만들어 익명으로 피드백을 보내달라고 요청하거나 피드백을 목적으로 진지한 일대일 미팅을 할 수도 있다. 다른 대안이 없다면 이를 통해 동료들에게 자신이 자기계발에 진정으로 관심이 있다고 어필할 수 있을 것이다. 하지만 치명적인 결점이 정말로 존재한다면 일대일 미팅 중에 그 결점을 직접 말해줄 가능성은 매우 낮다.

결과를 받아보면 사람들은 일반적으로 가장 낮은 점수에 먼저 집중한다. 하지만 극도로 낮은 점수(하위 10퍼센트 이내)가 아니라면 그럴 필요는 없다. 일반적으로 5명 중 1명이 이처럼 심각한 문제를 발견하는 것으로 나타났다. 만약 이런 경우라면 그 결점을 선형적인 방법으로 해결해야 한다.

조직에 없어서는 안 될 리더는 여러 가지를 다 잘하기보다는 몇 가지에 독보적으로 뛰어난 성향을 보인다. 이런 강점 덕분에 리더의 불가피한 약점을 감수할 수 있다. 데이터베이스를 통한 분석 결과, 독보적인 강점이 없는 이들은 전반적인 리더십 능력에서 평균 34퍼센트에 불과한 점수를 받았다. 그러나 뛰어난 강점이 단 한 가지 있는 경우에는 전반적인 리더십 점수가 평균 64퍼센트까지 상승했다. 다시 말해, 하위 3분의 1에 속하는 리더와 상위 3분의 1에 속하는 리더의 차이는 단 한 가지 탁월한 강점에 있었다. 탁월한 강점 두 가지가 있는 리더는 상위 25퍼센트에 근접하고, 3가지가 있는 리더는 상위 20퍼센트, 4가지가 있는 리더는 거의 상위 10퍼센트까지 올랐다.

이런 맥락에서 톰의 360도 평가 결과를 살펴보면 그가 왜 주

단 하나의 강점으로 어떤 차이를 만들 수 있을까?

한 가지 역량만 '뛰어남' 수준으로 끌어올려도 전체 리더십 역량이 하위 3분의 1에서 거의 상위 3분의 1까지 올라간다. 아래의 그래프는 백분위 수치가 높을수록 리더십 역량이 더 높다는 뜻이다.

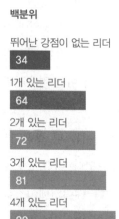

백분위

뛰어난 강점이 없는 리더
34

1개 있는 리더
64

2개 있는 리더
72

3개 있는 리더
81

4개 있는 리더
89

5개 있는 리더
91

요한 업무 배정에서 제외됐는지 알 수 있다. 톰에게 치명적인 결점은 없었지만, 뛰어난 강점 역시 없었기 때문이다. 70퍼센트 이상의 강점도 없고, 전반적인 리더십 역량 평가에서 '뛰어남'은 커녕 '양호함'이라는 평가도 받지 못했다. 조직 내에서 주목할 만한 강점이 하나라도 있는 사람이라면 누구라도 톰을 앞설 수 있었다. 하지만 톰이 자신의 상대적 강점 중 몇 가지만 70퍼센트에서 80퍼센트로, 이후 90퍼센트까지 끌어올릴 수 있다면 그의 전반적인 리더십 역량은 평균 이상에서 양호함 또는 우수함 수준으로 올라갈 것이다. 톰은 자신의 강점을 더 면밀히 살폈어야 했다.

하지만 다른 많은 사람처럼 톰도 처음에는 가장 낮은 점수를 받은 항목에 자극을 받았고, 죄책감과 거부감이 뒤섞인 감정을 느꼈다. 관계 구축 면에서 상대적으로 낮은 점수를 받자 그는 고등학교 시절의 불편한 기억을 떠올렸는데, 상사와 함께 결과를 검토할 때는 이 기억을 언급하지 않았다. 다만 톰은 혁신성에서 더 높은 점수를 받지 못한 점이 믿기지 않는다면서 피드백 내용을 확인했다. 그가 실제로 혁신적이었을 수도 있고 그렇지 않았을 수도 있다. 자기 자신에 대한 스스로의 평가와 타인의 평가가 크게 다른 경우는 흔하다. 하지만 평가 측면에서는 다른 사람의 의견이 더 중요하다는 사실을 명심해야 한다.

톰은 결과에 집중하고 문제 해결 및 쟁점 분석 측면에서 높은 점수를 받았다는 사실에는 놀라지 않았다. 또한 앞의 두 가지 강점 외에 전략적 관점을 개발하고 다른 사람에게 영감과 동기를 부여하는 데도 상대적으로 높은 점수를 받았다. 이제 다음 단계로 넘어가자.

2단계: 집중할 강점을 선택하라

좋은 것과 나쁜 것 중에서 선택하기는 쉽다. 하지만 좋은 것과 좋은 것 사이의 선택은 우리를 고민하게 하고 거듭 생각에 빠지게 한다. 이 과정에서 톰이 어떤 역량을 선택했는지는 크게 중요하지 않다. 어느 한 역량만 강화해도 리더십 역량이 현저히 개선될 수 있기 때문이다. 하지만 중간 관리자급이라면 조직에 중요하고 자신이 열정을 느끼는 역량에 집중할 것을 권한다. 조직에 중요하지 않지만 스스로 열정을 느끼는 역량은 취미에 불과하고, 조직에서 필요로 하지만 열정을 느끼지 못하는 역량은 잡무에 불과하기 때문이다.

360도 평가에서 동료들에게 업무의 중요도 등급을 함께 질문하면 조직에서 필요로 하는 업무를 어느 정도 객관적으로 파악할 수 있다. 톰은 이 과정에서 자신의 열정을 함께 고려해야 한다는 사실에 놀랐다. 아래의 질문에 답하고 난 뒤에야 톰은 이 개념을 더 구체적으로 이해할 수 있었다. 그는 각각의 16가지 역량에 다음과 같은 목록을 작성했다.

- 이 역량을 향상할 방법을 원하는가?
- 이 역량을 펼칠 새로운 방법을 찾고 싶은가?
- 이 역량을 활용할 때 지치지 않고 활력을 느끼는가?
- 이 역량을 펼칠 수 있는 프로젝트를 수행하고 있는가?
- 이 역량을 향상하는 데 시간을 쏟는 자신의 모습을 상상할 수 있는가?
- 이 역량을 더 발전시킬 의향이 있는가?

"예"라고 대답한 질문의 개수를 취합함으로써 톰은 열정을 정량화하는 방법을 알게 됐다. 간단한 워크시트를 통해 자신의 기술과 열정, 조직의 요구 사항이 어떻게 일치하는지도 알 수 있었다. 톰은 자신의 주요한 5가지 역량과 5대 열정, 조직의 최우선 순위를 확인하면서 분명하게 수렴되는 지점을 볼 수 있었다. 그는 '타인에게 영감 및 동기 부여'라는 장점에 집중하기로 결정했는데, 이는 탁월한 리더십과 가장 보편적으로 관련된 장점이었다.

3단계: 상호 보완적인 역량을 길러라

다른 사람에게 동기를 부여하는 능력이 뛰어난 사람들은 다른 사람으로 하여금 행동에 나서고 더 많이 노력하도록 설득하는 데 능숙하다. 이들은 이런 능력을 효과적으로 발휘해 주요한 결정에 영향을 미침으로써 조직에 이익을 안긴다. 다른 사람에게 동기를 부여하는 방법도 잘 알고 있다. 따라서 톰이 지금까지 이런 일을 잘 해냈다는 것도 놀랄 일이 아니다. 그는 '타인에게 영감 및 동기 부여'라는 핵심 역량의 동반 역량 목록을 살폈다.

- 타인과의 정서적 교류
- 도전적 목표 설정
- 명확한 비전과 방향을 제시함
- 강력하고 폭넓은 의사소통을 함

- 타인을 발전시킴
- 협력 및 팀워크 구축
- 혁신 주도
- 주도적 행동
- 변화 주도
- 강력한 롤모델이 됨

강점을 선택할 때와 마찬가지로 조직에 중요하고 자신이 열정적으로 도전할 수 있는 동반 역량을 선택해야 한다. 하지만 이 시점에서는 낮은 점수를 받은 항목을 고려하는 것도 바람직하다. 톰은 관리자와 이런 점을 논의하면서 특별히 높은 점수를 받지는 못했지만 조금만 향상하면 큰 차이를 만들 수 있을 정도의 점수를 받은 의사소통 역량을 향상하기로 결정했다.

4단계: 선형적인 방식으로 개발하기

향상시킬 동반 역량을 결정하자 톰은 해당 분야의 기본 기술을 개선할 수 있게 됐다. 의사소통을 잘하는 사람은 간결하게 말하고 프레젠테이션을 할 때도 내용을 효과적으로 전달한다. 지시 사항이 명확하며 글을 잘 쓴다. 새로운 개념을 분명하게 설명할 수 있으며 또한 자신의 업무가 사업에 어떻게 기여하는지 사람들이 이해할 수 있게 전달한다. 다른 분야의 사람들이 사용하

선택지 좁히기

이때 집중하는 강점은 조직에도 중요하고 본인에게도 중요해야 한다. 아래 예시처럼 간단한 워크시트를 사용하면 자신의 강점 및 관심사와 조직의 요구 사항이 어디에서 수렴하는지 파악하는 데 도움이 된다. 역량, 열정, 조직의 요구 각 범주마다 각 5개 역량을 선택하라.

강점	역량	열정	조직의 요구	총합
1. 정직하고 성실한 태도				
2. 직무 전문성	×			1
3. 문제 해결 및 쟁점 분석	×			1
4. 혁신적		×	×	2
5. 자기계발 실천				
6. 결과에 집중함	×			1
7. 도전적 목표 설정				
8. 주도권을 잡음		×		1
9. 분명하고 폭넓은 의사소통			×	1
10. 타인에게 영감 및 동기 부여	×	×	×	③
11. 관계 구축			×	1
12. 타인을 발전시킴		×		1
13. 협업 및 팀워크 구축		×		1
14. 전략적 관점 개발	×		×	2
15. 변화를 옹호함				
16. 집단을 외부 세계와 연결함				

ON HIGH PERFORMANCE

는 전문용어도 파악할 수 있다. 톰은 이 지점에서 상당한 개선의 여지를 찾았다. 톰은 말이나 글을 통해 내용을 간결하게 잘 전달한다는 평가를 받은 적이 전혀 없었다. 시작한 문장을 항상 제대로 끝내지 못했으며, 글쓰기를 어려워했다.

톰에게는 회사 안팎으로 의사소통 능력을 향상할 기회가 필요했다. 비즈니스 글쓰기 강좌를 듣거나 친구나 가족, 교회 등 속해 있는 커뮤니티에서 연습하는 방법도 있다. 고위 경영진 앞에서 프레젠테이션을 하거나 동료들에게 자신의 메모와 이메일을 평가해달라고 요청하는 방법도 있다. 고등학생들이 대학에 지원할 때 써야 하는 에세이 작성을 돕는 자원봉사를 할 수도 있다. 자신이 스피치하는 모습을 영상으로 녹화하거나 의사소통 방법을 연구하고 가르쳐주는 소모임을 찾아볼 수도 있다.

톰은 평소에 의사소통 능력이 뛰어난 동료의 조언을 구했다. 동료는 그가 글쓰기에 강하지 않으니 직접 만나거나 전화로 소통하는 연습을 더 많이 하는 게 좋겠다고 조언했다. 톰에게는 하루 내내 시도 때도 없이, 심지어 다른 사람과 대화하는 도중에도 이메일을 확인하고 답장하는 습관이 있었다. 톰은 가장 먼저 이메일을 사용하는 방법을 바꿨다. 그는 가급적 이메일을 통한 소통을 지양하고 대면이나 전화를 통해 소통하기로 했다. 하지만 이메일을 모두 전화 통화로 대체할 수는 없었는데, 회의 중이거나 다른 사람과 통화하는 동안에는 전화를 걸 수 없기 때문이었다. 그는 하루 중 특정 시간을 이메일을 확인하고 답신하는 시간으로 확보하고, 가급적 전화로 답하거나 직접 만나서 대답하기 시작했다.

변화는 작았지만 그 결과는 현저했다. 부하직원들은 그와의 직접적인 소통에 집중하기 시작했다. 밤낮을 가리지 않고 날아오는 톰의 아리송한 이메일에 답장하기 위해 고민할 시간은 없어졌지만, 다른 이들에게도 이 방법이 더 효율적이고 효과적이었다. 톰은 상대와 더 잘 소통할 수 있게 됐다. 눈앞의 상대와 대화하면서 동시에 스마트폰으로 이메일을 확인할 필요가 없어져 주의가 분산되지 않았으며, 대면 대화를 통해 상대의 목소리 톤과 몸짓을 읽을 수 있었기 때문이다. 결과적으로 톰은 더 많은 정보를 얻을 수 있었고, 동료들은 그가 그들의 의견에 더 세심하게 귀를 기울인다고 느꼈다.

톰은 의사소통 방식뿐만 아니라 말하는 내용에도 더 많은 주의를 기울였다. 동료는 톰에게 그가 지시를 내리는 빈도와 질문을 하는 빈도를 기록해보라고 제안했다. 톰은 조언에 따라 자신이 하는 말 중 얼마나 많은 부분이 비판(건설적이든 아니든)인지, 격려는 어느 정도인지 기록했다. 질문과 격려의 비율을 늘리자 즉각적인 효과가 나타났다. 팀원들이 그의 말을 더 빨리 이해하게 됐고, 덕분에 톰이 같은 말을 여러 번 반복할 필요도 없어졌다. 일부 팀원은 톰이 자신의 의견을 표현할 수 있게 해줬다는 데 고마워하기도 했다.

특정한 역량을 개선하고자 한다면 톰과 마찬가지로 30~60일 이내에 구체적인 결과를 보리라고 기대해야 한다. 그렇지 않다면 지금의 방식이 효과적이지 않은 것이다. 보완적인 행동은 연습을 통해 꾸준히 개선되며, 톰의 발전이 그 전형적인 사례다. 15개월 후 다시 360도 평가를 했을 때, 톰은 타인에게 영감을 주거나 동기를 부여하는 능력이 상위 18퍼센트로 올라섰음을 알게 됐다. 탁월한 수준은 아니었지만, 그 수준에 가까워지고 있었다. 여기서 상위 10퍼센트에 도달하고 다른 사람들에게 영감을 주는 데 있어 진정 뛰어난 사람이 되려면 다른 역량을 1~두 가지 더 기르면 된다. 또 다른 강점을 개발하고 그 강점의 동반 역량을 향상하는 식으로 자기계발을 반복하면 독보적인 성과를 낼 수 있다.

어떤 강점이 과해질 수도 있을까?

지나치게 자기주장이 강하고, 과하게 기술지향적이며, 성과를 내기 위해 너무 열심히 노력하는 이들도 있다. 많은 사람이 이런 예를 들며 특정한 강점을 강화하여 리더십 역량을 개선해야 한다는 주장에 반대한다. 실제로 균형은 매우 중요하다. 데이터에 따르면 강점이 4가지일 때와 5가지일 때의 전반적인 리더십 역량 차이는 고작 2퍼센트에 불과하다. 따라서 이미 탁월한 리더라면 여기에 추가적으로 고려해야 할 변수가 있다.

앞서 살펴본 '나의 강점을 극대화할 수 있는 기술은 무엇일까?'라는 자료를 보면 16가지의 차별화 역량은 크게 성격 특성, 개인적 역량, 결과를 얻음, 대인관계 기술, 변화 주도 등 5가지 범주로 나뉜다. 강점이 많은 사람은 자신의 강점이 각 범주에 어떻게 분포되어 있는지 검토하고, 부족한 부분의 강점을 개선하는 데 노력을 집중해야 한다.

하지만 과하게 발달한 강점을 약점으로 취급하는 태도는 오히려 리더십 역량을 개선하는 데 방해가 된다. 지나치게 성실한 사람을 본 적이 있는가? 너무 뛰어나게 말을 잘하는 사람도 있을까? 다른 사람에게 너무 많은 영감을 주어서 문제가 되는 경우도 있을까? 동반 역량을 개발한다는 의미는 단순히 같은 행동을 더 많이 한다는 뜻이 아니다. 이미 하고 있던 일들을 새로운 방식으로 향상해 그 효과를 더욱 강력하게 만드는 일이다.

강점에 집중하라는 주장은 새로운 내용이 아니다. 44년 전 피터 드러커는 《피터 드러커의 자기경영노트The Effective Executive》(한국경제신문, 2020)에서 다음과 같이 썼다.

경영자가 강점을 찾고 이를 생산적으로 발전시키려 노력하지 않는다면, 그는 스스로 어찌할 수 없는 일, 자신의 부족함과 약점, 성과와 효율성을 해치는 장애물에 휘둘리게 된다. 엉뚱한 곳에서 사람을 뽑고 약점에 집중하는 것은 소모적이다. 이는 인적 자원을 남용까지는 아니더라도 오용하는 것이다.

드러커의 발언 이후 그의 접근 방식을 지지하고 옹호하는 연구가 생겨났다. 그 내용을 면밀히 살펴보면 고작 강점 몇 가지를 개발함으로써 얼마나 큰 차이를 만들어낼 수 있는지 알 수 있다. 강점을 개발할 계획이 있는 임원이 10퍼센트도 채 되지 않는다는 사실이 안타깝다.

이는 신념의 문제라기보다는 실행의 문제다. 기업의 임원에게는 자신의 약점을 고치는 것만큼이나 분명하게 강점을 강화하는 방법이 필요하다. 바로 그런 이유로 크로스 트레이닝 접근법이 필요하다. 사람들이 잘 알고 있으며 비교적 이해하기 쉬운 선형적인 개선 방법을 통해 비선형적인, 즉 폭발적인 결과를 만들어낼 수 있기 때문이다.

경영진은 조직에 훌륭한 리더가 부족하다고 불평하곤 한다. 하지만 대부분의 리더는 좋은 리더다. 문제는 나쁜 리더를 좋은 리더로 교체하는 데 있지 않다. 톰과 같이 성실하고 유능한 임원들, 즉 일을 제법 잘하는 사람들을 독특한 강점을 갖춘 독보적인 리더로 만드는 것이 핵심이다.

존 H. 젱어는 조직의 효율성을 높이고 리더십 개발 프로그램을 제공하는 컨설팅 회사 젱어포크먼의 CEO다. 리더십 개발 분야의 세계적인 전문가로, 서던캘리포니아대학교, 스탠포드대학교 경영대학원의 교수진으로 강연을 했다. 저서로 《기업이 원하는 리더의 조건The New Extradrdinary Leader》(김앤김북스, 2005)이 있다.

조셉 포크먼은 젱어포크먼의 공동 대표로, 리더십 및 조직발전 분야에서 30여 년간 일해왔다. 저서로 《피드백의 힘The Power of Feedback》(북폴리오, 2007), 존 젱어와 공저한 《기업이 원하는 리더의 조건》이 있다.

스콧 에딩거는 에딩거컨설팅의 설립자로, 〈포춘〉 50대 기업의 컨설팅을 다수 맡고 있으며 노스캐롤라이나대학교 캐넌플래글러 경영대학원에서 강연을 했다. 《성장하는 리더The Growth Leader》(2023), 《숨은 리더 The Hidden Leader》(2015) 등의 저서는 〈월스트리트 저널〉과 〈USA 투데이〉의 극찬을 받았다.

독보적인 인재가 되는 법

리더로서의 역량을 높이려면 결점을 없애는 데 집중하기보다 일부 뛰어난 강점을 더욱 훌륭한 수준으로 발전시켜야 한다. 강점 중 몇 가지만 최고 수준으로 발전시키면 탁월해질 수 있다. 하지만 단순히 같은 일을 더 많이 한다고 해서 뛰어난 리더가 되지는 않는다. 그보다는 크로스 트레이닝에 해당하는 업무, 즉 자신의 강점을 더 잘 활용할 수 있게 하는 상호 보완적인 역량을 향상하려 노력해야 한다.

예를 들어, 의사소통 능력이 좋아지면 전문 영역에서 더 큰 효과를 거둘 수 있을 뿐만 아니라, 리더로서의 전문성이 더욱 분명해지고 그 전문성을 더 잘 활용할 수 있다.

리더의 강점 중 몇 가지가 독보적인 수준에 도달하면 그 리더는 약점이 있더라도 조직에서 없어서는 안 될 존재가 된다.

작은 전진이 모여 큰 성공을 부른다

테레사 애머빌, 스티븐 크레이머

혁신적인 업무를 추진하려면 어떻게 해야 할까? 세계적으로 유명한 크리에이터들의 이야기 속에 중요한 단서가 숨어 있다. 평범한 과학자와 마케터, 프로그래머, 여러 이름 없는 지식노동자들의 업무에는 매일같이 창의적인 생산성이 필요하며, 평범한 지식노동자들과 뛰어난 혁신가 사이에는 생각보다 더 많은 공통점이 있다. 업무 중에 경험하는 감정에 불을 지피고, 동기를 부여하며, 인식을 촉발하는 사건은 근본적으로 동일하기 때문이다.

제임스 왓슨James Watson이 1968년에 출간한 회고록《이중나선Double Helix》(궁리, 2019)에는 그와 프랜시스 크릭Francis Crick이 DNA 구조를 발견해 노벨상을 수상하기까지의 연구에서 겪었던 감정의 롤러코스터가 묘사되어 있다. 왓슨과 크릭은 DNA 모델을 구축하려는 첫 번째 시도에서 흥분을 느꼈지만 이후 중대한 결함을 발견했다. 왓슨은 "처음 이 모델을 살폈을 때 (…) 즐겁지 않았다"라고 말한다. 그날 저녁 늦게서야 "우리의 기운을 북돋울 결과가 나타나기 시작했다." 하지만 동료들에게 '돌파구'를 알리고 난 후, 모델이 제대로 작동하지 않는다는 사실을 깨달았다. 의구심이 밀려오고 의욕이 사라지는 암울한 날들이 이어졌다. 마침내 진정한 돌파구를 찾고 동료들도 그 모델의 결함을 발견하지 못하자 왓슨은 "이제 수수께끼에 대한 해답을 찾은 것 같아 하늘을 찌를 듯이 기세가 치솟았다"라고 썼다. 왓슨과 크릭은 이 성공에 취해 연구실에서 살다시피 하며 연구를 완성하기 위해 노력했다.

왓슨과 크릭은 연구의 진전, 다시 말해 프로젝트의 전진에 따라 반응이 오락가락했다. 그리고 창의적 업무에 관한 연구에서도 놀랍도록 유사한 현상이 나타난다. 지식노동자가 작성한 기록을 분석하면 전진의 법칙을 발견할 수 있다. 일하는 과정에서 감정과 동기 부여, 통찰력 등을 향상하는 가장 중요한 요소는 의미 있는 전진을 이루는 것이었다. 그리고 장기적으로 볼 때 이런 전진을 더 자주 경험할수록 창조적인 생산성을 발휘할 가능성이 더 높아진다. 중요한 과학적 미스터리를 풀어내는 거창한 일 외에 품질 좋은 제품이나 서비스를 생산하려는 경우에도 그렇다. 설령 아주 작더라도 매일매일의 전진은 기분과 성과에 큰 차이를 만들어낸다.

전진하는 힘은 인간의 기본적인 본성이지만, 이를 활용하여 동기를 강화하는 방법을 아는 사람은 거의 없다. 특히 직장과 같은 조직 내에서의 동기 부여는 오랫동안 논쟁의 대상이었다. 근로자들에게 일에 대한 동기를 부여하는 비결을 묻는 설문조사에서 누군가는 일을 잘한다고 인정받는 것을 가장 중요한 요소로 꼽은 반면, 가시적인 인센티브에 더 많은 비중을 두는 사람도 있었다. 대인관계 지원의 가치를 강조하거나, 명확한 목표가 답이라고 생각하는 사람도 있었다. 흥미롭게도 설문조사에 참여한 이들 중 전진을 1순위로 꼽은 사람은 극히 드물었다.

전진의 원칙progress principle은 어디에 노력을 집중해야 하는지에 대한 명확한 시사점을 제공한다. 이는 직장 상사가 부하직원의 웰빙과 동기 부여, 창의적 성과에 생각보다 많은 영향력을 끼치고 있음을 암시한다. 무엇이 전진을 촉진하고 강화하는 역할을 하는지, 그리고 무엇이 그 반대 작용을 하는지 알아야 사람과 업무를 효과적으로 관리할 수 있다.

이 글에서는 전진의 힘과 직장에서 이를 활용할 수 있는 방법에 대해 소개할 것이다. 전진에 초점을 맞추면 어떻게 이를 구체적으로 관리할 수 있는지 알 수 있다. 또한 이런 행동을 습관으로 만드는 데 도움이 되는 체크리스트도 제공한다. 하지만 이런

95퍼센트의 직장인이 잘못 알고 있는 사실

프레드릭 허즈버그Frederick Herzberg는 〈하버드 비즈니스 리뷰〉 1968년 호에서 지금은 고전이 된, "한 번 더: 어떻게 구성원에게 동기를 부여할 것인가One More Time: How Do You Motivate Employees?"라는 제목의 칼럼을 발표했다. 이에 따르면 성취감을 경험하는 기회를 제공할 때 사람들은 업무에 가장 만족한다(따라서 동기 부여를 가장 많이 받는다)고 한다.

실제로 앞으로 살펴볼 일지 연구를 통해 근무일에 발생한 수천 건의 사건을 세세하게 관찰한 결과, 지속적이고 의미 있는 전진을 이루는 성취감의 근간이 되는 메커니즘을 발견할 수 있었다.

하지만 회사를 비롯한 조직에서는 허즈버그의 교훈을 진지하게 받아들이지 않는 것 같다. 조직에서 일상적인 업무 진행을 얼마나 중요하게 생각하고 있는지 알아보기 위해 전 세계 수십 개 기업의 다양한 직급의 사람들 669명을 대상으로 설문조사를 실시했다. 구성원의 동기 부여와 감정에 영향을 미치는 관리 도구는 무엇이라고 생각하는지 묻고, 업무 전진을 위한 지원, 성과에 대한 인정, 인센티브, 대인 관계 지원, 명확한 목표 등 5가지 도구의 중요도를 매기도록 했다.

전진을 최고의 동기 부여 요인으로 꼽은 사람은 669명 중 35명으로 단 5퍼센트에 불과했다. 대다수의 응답자는 전진에 대한 지원을 동기 부여 요인의 가장 마지막으로, 감정에 영향을 미치는 관리 도구 중에서는 세 번째로 꼽았다. 응답자들은 구성원들에게 동기를 부여하고 행복감을 느끼게 하는 가장 중요한 요소로 '(공적이든 사적이든) 성과에 대한 인정'을 꼽았다.

일기를 연구한 결과를 분석했을 때 인정은 직장생활의 내면상태에 활력을 불어넣는 요소이기는 했지만 전진만큼 효과가 크지는 않았다. 게다가 업무상의 성취가 없으면 인정받을 이유가 거의 없다.

행동이 왜 그렇게 강력한지 명확히 밝히기 위해 먼저 전진의 힘을 연구한 결과와 지식노동자들의 일지를 통해 직장생활의 내면상태inner work life에 대해 발견한 내용을 설명하려 한다.

업무 중 느끼는 감정이 성과를 좌우한다

15년에 걸쳐 기업 구성원들의 심리적 경험과 성과를 연구한 결과에 따르면, 창의적이고 생산적인 업무를 수행할 수 있게 하는 핵심 동인은 개인이 직장생활을 하며 느끼는 내면적 상태의 수준이었다. 즉 근무 시간 동안 느끼는 감정과 동기, 인식을 모두 합한 것이다. 구성원들이 느끼는 행복감, 업무에 대한 본질적인 관심으로 인해 생기는 동기 부여, 조직과 경영진, 팀과 업무 그리고 자신을 얼마나 긍정적으로 보는지 등의 모든 요소가 더 높은 수준의 성취를 이루게 하거나, 그 반대의 경우를 야기하기도 한다.

이런 요소의 내부 역학 관계를 연구하기 위해, 평균 4개월이 조금 넘는 기간 동안 각각의 프로젝트에 참여한 팀원들을 대상으로 일과가 끝난 후 이메일 설문조사를 실시했다. 주방 기기 개발, 청소 도구 제품군 관리, 호텔의 복잡한 IT 문제 해결 등의 프로젝트에는 전부 창의력이 필요했다. 매일 실시한 설문조사에서는 참여자들의 감정과 기분, 동기 부여 수준, 그날의 업무 환경에 대한 인식, 어떤 일을 했으며 어떤 사건이 기억에 남는지 등을 물었다.

이 연구에는 7개 기업에서 26개의 프로젝트팀, 238명의 팀원이 참여했다. 그 결과 약 1만 2,000건의 일지가 작성됐다. 직장생활의 내면상태를 파악하고 높은 수준의 창의적 결과물과 관계있는 업무 중 사건은 무엇인지 알아보기 위함이었다.

높은 압박감과 두려움이 성취를 촉진한다는 주장이 널리 퍼져 있지만, 연구에 따르면 적어도 지식노동의 영역에서는 직장생활의 내면상태가 긍정적일 때, 즉 행복감을 느끼고 일 자체에서 본질적으로 동기를 얻으며 동료와 조직을 긍정적으로 인식할 때 더 창의적이고 생산적인 결과가 나왔다. 이처럼 긍정적인 상태에서는 일에 더 헌신하고 주변 사람들에 대한 동료애도 강해진다. 직장생활의 내면상태는 날마다, 때로는 급격하게 변할 수 있으며 성과도 그에 따라 달라진다. 직장생활 도중 특정한 날의 내면상태는 그날의 업무 성과를 좌우하고 다음 날의 성과에도 영향을 미친다.

그렇다면 관리를 통해 의도적으로 이런 효과를 일으킬 수도 있을까? 구체적으로 어떤 사건이 긍정적이거나 부정적인 감정과 동기, 인식을 불러일으킬까? 해답은 연구 참여자의 일지에 숨어 있었다. 직장생활의 내면상태를 긍정적 혹은 부정적으로 몰고 가는 예측 가능한 계기는 실제로 존재했다. 개인 간에 다소

편차는 있지만 이는 모두에게 적용됐다. 따라서 업무 환경을 적절히 관리할 수 있다면 누구나 직장생활의 내면상태를 긍정적으로 유지하면서 훌륭한 성과를 낼 수 있을 것이다.

업무에 진전이 있으면 기분도 좋아진다

직장생활의 내면상태에 영향을 미치는 촉발 요인을 찾던 중 전진의 원리를 발견했다. 전반적인 기분과 특정한 감정, 동기 부여 수준을 기준으로 연구 참여자들의 최고의 날과 최악의 날을 비교해보니, '최고의 날'을 촉발하는 대표적인 사건은 개인 또는 팀의 업무상 전진이었다. '최악의 날'을 유발하는 대표적 사건은 업무상 좌절이었다.

전진 여부가 직장생활 중에 느끼는 전반적인 기분과 어떤 관련이 있는지 살펴보자. 사람들의 기분이 가장 좋았던 날에는 76퍼센트의 전진이 있었다. 반면, 좌절은 그런 날의 13퍼센트에서만 발생했다.

기분이 가장 좋은 날에는 직장생활의 내면상태를 긍정적으로 발전시키는 다른 두 가지 요인도 자주 발생한다. 바로 촉진 요인과 강화 요인이다. 촉진 요인catalyst은 개인이나 그룹의 도움을 포함하여 업무를 직접적으로 지원하는 행동을 의미하며, 강화 요인nourisher은 존경의 표시나 격려의 말과 같은 사건이다. 촉진 요인과 강화 요인에는 각각 반대의 효과를 불러오는 요인이 있다. 업무를 지원하지 않거나 직접 방해하는 행동인 억제 요인inhabitor과, 실망스럽거나 해가 되는 사건인 방해 요인toxin이 이에 속한다. 촉진 요인과 억제 요인은 프로젝트와, 강화 요인과 방해 요인은 사람과 관련이 있다. 좌절과 마찬가지로 억제 요인과 방해 요인도 직장생활의 내면상태가 좋은 날에는 잘 발생하지 않는다.

기분이 가장 나쁜 날 일어나는 사건은 기분이 가장 좋은 날에 일어나는 사건과 완벽히 반대 결과를 보인다.

기분이 좋은 날에는 어떤 일이 생길까?

사람들이 기분이 좋다고 답한 날에는 작게나마 전진이 있는 경우가 많았다.

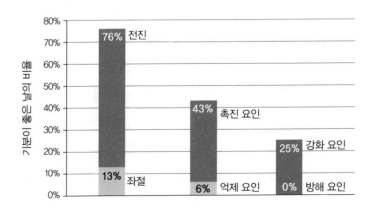

기분이 좋지 않은 날에는 어떤 일이 생길까?

기분이 좋지 않은 날의 사건(좌절 및 기타 방해 요인)은 기분이 좋은 날 생기는 사건과 정확히 반대로 일어났다.

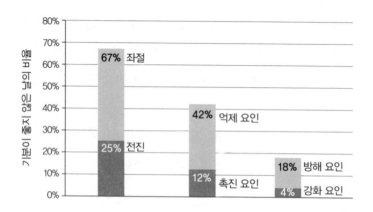

앞의 자료를 보면 기분이 좋지 않은 날에는 업무상 좌절이 67퍼센트나 발생했으며, 업무상 전진은 25퍼센트 정도로만 나타났다. 억제 요인과 방해 요인으로 인해 기분이 최악인 날이 많았고, 촉진 요인과 강화 요인은 드물었다.

전진의 원리는 바로 이와 같다. 업무가 끝났을 때 의욕이 넘치고 행복하다면 그날은 분명 업무상 전진을 이룬 날일 것이다. 의욕이 없고 즐거운 기색 없이 퇴근한다면 업무상 좌절이 원인일 가능성이 크다.

연구 참여자들이 작성한 1만 2,000건의 일일 설문조사를 모

ON HIGH PERFORMANCE

두 분석한 결과, 업무상 전진과 업무상 좌절은 직장생활의 내면 상태 3가지 측면 모두에 영향을 미쳤다. 전진이 있었던 날에는 참여자들이 긍정적인 감정을 보고했다. 전반적으로 낙관적인 기분을 느꼈을 뿐만 아니라 기쁨과 따뜻함, 자부심을 많이 표현했다. 좌절이 발생한 날에는 실망과 두려움, 슬픔을 더 많이 경험했다.

전진은 동기 부여에도 영향을 미쳤다. 전진이 있는 날에는 일 자체에 대한 흥미와 즐거움 등 본질적인 동기가 더 강했다. 좌절이 발생한 날은 내재적 동기뿐만 아니라 인정을 받아서 생기는 외재적 동기 또한 감소했다. 업무에서 좌절을 경험하면 사람은 대체로 시큰둥해지고, 일을 아예 하고 싶지 않다는 생각까지 들 수 있다.

인식 측면에서도 차이가 현저했다. 전진이 있는 날 사람들은 업무에서 긍정적인 요인을 더 많이 인식했다. 자신의 팀이 서로를 더 많이 지원한다고 여겼으며, 팀과 상사 간에 긍정적인 상호작용이 더 많아졌다고 보고했다. 반면 좌절이 나타나면 전반적으로 인식이 악화했다. 사람들은 업무에서 긍정적인 요인을 덜 발견하고, 업무를 수행하면서 자유도가 떨어진다고 느꼈으며, 자원이 부족하다고 보고했다. 업무상 좌절이 발생한 날 참여자들은 팀과 상사 모두 자신을 덜 지지한다고 인식했다.

물론 이 연구는 상관관계를 입증했을 뿐, 인과관계를 증명한 것은 아니다. 직장생활의 내면상태에서 생기는 변화가 전진과 좌절의 결과일까, 아니면 그 반대일까? 수치만으로는 답을 알 수 없다. 하지만 수천 편에 달하는 일지를 분석한 결과, 전진을 거둔 이후에 긍정적인 인식과 성취감, 만족감과 행복감, 심지어 환희까지 뒤따르는 경우가 많다는 사실을 알 수 있었다. 다음은 한 프로그래머가 작성한 전진 이후의 일지의 내용이다.

거의 일주일 동안 나를 괴롭히던 버그를 해결했다. 다른 사람에게는 별일 아닐지 모르지만 나는 정말 지루한 일상을 보내고 있었기 때문에 이로 인해 무척 흥분됐다.

이와 마찬가지로, 좌절이 발생한 이후에는 종종 인식의 저하와 좌절, 슬픔과 심지어 혐오감까지 뒤따른다는 사실도 알 수 있었다. 제품 마케팅 담당자인 또 다른 참여자는 이렇게 기록했다.

비용을 절감하기 위해 절감 대상 목록을 작성하느라 한참을 허비했지만 모든 수치를 집계한 후에도 여전히 목표에 미치지 못하고 있다. 많은 시간과 노력을 들였는데도 목표를 달성하지 못해 무척 실망스럽다.

거의 확실하게 인과관계는 양방향으로 작용하며, 전진과 직장생활의 내면상태 사이의 피드백 루프를 활용하면 두 영역 모두에서 긍정적인 결과를 얻을 수 있을 것이다.

사소한 전진이 큰 영향을 불러온다

전진이라고 하면 보통 장기적인 목표를 달성하거나 엄청난 돌파구를 찾는 것처럼 커다란 사건을 생각하기 마련이다. 이런 큰 성취는 멋진 일이지만 비교적 드물게 일어난다. 그런데 좋은 소식이 있다. 작은 성공으로도 직장생활의 내면상태를 크게 향상할 수 있다는 점이다. 연구 참여자들이 보고한 많은 전진의 사건은 사소한 행보에 불과했다. 하지만 이런 사건은 종종 매우 긍정적인 반응을 불러일으켰다. 한 테크 기업의 프로그래머가 일지에 쓴 내용을 살펴보자. 이 일지에는 그날의 감정과 동기 부여, 지각에 대한 매우 긍정적인 자기 평가가 함께 적혀 있다.

기계가 제대로 돌아가지 않는 이유를 알아냈다. 크지는 않아도 나에게는 매우 중요한 일이었기 때문에 안도감이 들고 기분이 좋았다.

평범하고 점진적인 전진이라도 사람들의 참여도와 행복감을 높일 수 있다. 참여자들이 보고한 사건을 살펴보면 프로젝트에

사소한 영향을 미쳤던 사건 중 상당수(28퍼센트)가 프로젝트에 대한 사람들의 감정에 커다란 영향을 미쳤다. 직장생활의 내면 상태는 창의성과 생산성에 막강한 영향을 미치고, 작지만 지속 적인 발전이 많은 사람들과 공유되고 축적되면 탁월한 실행으로 이어지기에, 눈에 띄지 않는 전진 사건은 조직의 전반적인 성과에 매우 중요하다.

하지만 여기에는 안타깝게도 부정적인 측면이 있다. 사소한 손실이나 좌절이 직장생활의 내면상태에 극도로 부정적인 영향을 미칠 수 있기 때문이다. 여러 연구에 따르면 부정적인 사건이 긍정적인 사건보다 더 강력한 영향을 미칠 수 있다. 따라서 조직에서는 일상의 번거로운 상황을 최소화하는 일이 특히 중요하다.

의미 있는 일에서의 전진을 추구하라

목표에 한 걸음씩 다가갈 때 사람들이 얼마나 큰 보람을 얻는지는 이미 설명했다. 따라서 사람들이 성과를 낼 수 있도록 동기를 부여하려면 작업의 전진을 지원하면 된다. 하지만 한 가지 주의 해야 할 점이 있다. 업무에서의 전진은 직장생활의 내면상태를 향상하지만, 그 일이 자신에게 중요한 일이어야만 한다.

지금까지 해본 일 중 가장 지루했던 일을 떠올려보라. 많은 사람이 10대 시절에 식당에서 아르바이트를 하며 주방에서 냄비와 프라이팬을 닦았던 경험이나, 박물관에서 관람객들의 외투를 보관해줬던 일을 꼽는다. 이런 직업에서는 전진의 힘을 느끼기 어렵다. 아무리 열심히 일해도 닦아야 할 냄비나 접시는 줄지 않고 보관해야 할 외투 역시도 그렇다. 이런 일에서는 하루가 끝나고 퇴근 도장을 찍거나 월급을 받을 때만 성취감을 느낄 수 있다.

앞서 말한 연구에 참여한 이들처럼 처리해야 할 일의 종류가 다양하고 창의성을 발휘해야 하는 직종에서는 단순히 하루 일을 마치는 것만으로는 전진을 이룬다고 할 수 없고, 따라서 만족스러운 직장생활의 내면상태를 보장할 수도 없다. 직장에서 일을 잘 마쳤는데도 의욕이 떨어지고, 평가절하당하는 느낌과 좌절감이 드는 날(또는 프로젝트)을 경험한 적이 있을 것이다. 그 이유는 완료한 작업이 중요하지 않거나 전진과 관련이 없는 것으로 인식하기 때문일 가능성이 높다. 전진의 원칙이 작동하기 위해서는 일하는 사람에게 그 일이 의미 있어야 한다.

1983년, 스티브 잡스Steve Jobs는 존 스컬리John Sculley에게 펩시코에서의 성공적이었던 경력을 버리고 애플의 새 CEO를 맡아달라고 요청했다. 잡스는 그에게 이렇게 물었다고 했다. "남은 인생을 설탕물을 팔면서 보내고 싶습니까, 아니면 세상을 바꿀 기회를 원하십니까?" 잡스는 이 질문을 통해 의미 있는 일을 하고자 하는 인간의 뿌리 깊은 욕망이라는 강력한 심리적 힘을 활용했다.

의미 있는 일이라고 해서 최초의 개인용 컴퓨터를 보급하거나 빈곤을 완화하거나 암을 치료하는 데 도움을 주는 것처럼 그 규모가 엄청나게 클 필요는 없다. 사회에는 그리 중요하지 않은 일이라도 일하는 사람인 자신에게 중요하거나 중요한 인물이라고 생각하는 누군가에게 가치를 제공한다면 의미가 있다. 즉 고객에게 꼭 필요하고 품질이 좋은 제품을 만들거나 지역 사회에 없어서는 안 될 서비스를 제공하는 것만큼이나 간단한 일일 수 있다. 동료를 도와주거나 생신 과정의 비효율을 줄여 조직의 이익을 높이는 것일 수도 있다. 목표가 높든 낮든, 일을 하는 당사자에게 의미가 있고 노력이 목표에 어떻게 기여하는지가 명확하다면 목표를 향한 전진은 직장생활의 내면상태에 활력을 불어넣는다.

원칙적으로는 조직이 각각의 업무에 의미를 부여하기 위해 특별한 노력을 기울일 필요는 없다. 현대 조직에서 대부분의 업무는 그 일을 하는 사람들에게 잠재적으로만 의미가 있다. 하지만 조직은 구성원들이 도맡은 업무가 어떤 기여를 하는지 잘 알 수 있게 전달해야 한다. 그래야만 구성원들이 그 가치에 상반되는 행동을 피할 수 있다. 앞서의 연구에 참여한 이들은 모두 자신에게도 의미 있는 일을 하고 있었다. 냄비를 닦거나 외투를 보관하는 것 같은 기계적인 일을 하는 사람은 없었다. 하지만 놀랍게도, 중요하고 도전적인 일을 할 때도 동기 부여가 되지 않는 사례가 나타나기도 했다.

전진을 부르는 4요인에 주목하라

동기를 부여하고 일에 헌신하며 행복을 느끼려면 어떻게 해야 할까? 업무 영역에서 일상적인 전진을 경험하려면 어떤 지원이 필요할까? 이런 경우에 촉진 요인과 강화 요인을 고려해봐야 한다. 이는 앞서 연구에서 살펴본 것처럼 '최고의 날'에 자주 발생한 사건들이다.

촉진 요인은 일을 지원하는 요인이다. 목표가 명확하고 자율적으로 일하며 시간과 자원, 도움을 충분히 받을 수 있는 상황, 개방적인 자세로 실패와 성공으로부터 배우며 자유롭게 아이디어를 교환할 수 있는 상황이 이에 포함된다. 이와 반대되는 억제 요인에는 지원이 부족하거나 업무에 방해를 받는 상황 등이 포함된다. 촉진 요인과 억제 요인은 전진에 영향을 미치기 때문에 궁극적으로 직장생활의 내면상태에 영향을 준다. 하지만 더 즉각적인 영향을 미칠 때도 있다. 사람들은 목표가 의미 있고 명확하며 충분한 자원, 도움을 주는 동료가 있다는 사실을 깨달으면 감정, 즉 위대한 일을 수행하고자 하는 동기가 그 즉시 향상된다.

강화 요인은 존중과 인정, 격려, 정서적 위로, 소속감이 생길 기회 같은 대인관계를 지원하는 행위다. 이와 반대되는 방해 요인에는 무례함과 낙담, 감정 무시와 대인관계의 갈등이 포함된다. 좋은 쪽이든 나쁜 쪽이든 강화 요인과 방해 요인은 직장생활의 내면상태에 직접적이고 즉각적인 영향을 미친다.

촉진 요인과 강화 요인, 그리고 그 반대가 되는 요소는 일과 자기 자신에 대한 사람들의 인식을 변화시킴으로써 일의 의미를 바꾼다. 예를 들어, 업무에 필요한 자원이 충분한지 관리자가 묻고 확인한다면 구성원들은 자신이 중요하고 가치 있는 일을 하고 있다는 신호를 받는다. 관리자가 팀원이 하는 일을 인정한다는 사실은 곧 그 사람이 조직에 중요하다는 의미다. 이런 식으로 촉진 요인과 강화 요인은 일에 더 큰 의미를 부여하고, 전진의 원리가 미치는 효과를 증폭시킨다.

촉진 요인과 강화 요인이 대단히 신비로운 개념은 아니다. 상식적이고 기초적인 수준이라고는 할 수 없지만, 경영학에서는 기본 지식이다. 하지만 연구의 일지를 분석해보면 이런 기본 요소가 얼마나 자주 무시되거나 잊히는지 알 수 있다.

이 연구에서는 가장 사려 깊은 관리자조차 촉진 요인이나 강화 요인에 해당되는 사건을 제공하는 이들이 거의 없었다. 예를 들어, 유통 업체에서 일하는 마이클은 대체로 훌륭하게 팀을 이

어떻게 일에서 의미가 사라지는가?

창조적인 프로젝트를 수행하는 팀에 속해 있던 238명의 지식노동자들이 쓴 일지 내용에서는 관리자가 무의식적으로 일에서 의미를 박탈하는 사례를 찾아볼 수 있다. 이를 정리하면 다음과 같다.

1. 관리자가 구성원의 일이나 아이디어의 중요성을 무시하는 경우. 화학 회사의 선임 기술자인 리처드는 제품 개발팀이 맞닥뜨리는 복잡한 기술적 문제를 해결하는 데 도움을 주고, 거기에서 일의 의미를 찾는다. 하지만 리처드는 팀 회의에서 3주 동안이나 리더가 자신과 팀원들의 제안을 무시하고 있다고 느꼈다. 그 결과, 그는 자신의 기여에 의미가 없다고 느꼈고 기분이 상했다. 그러나 자신이 다시 프로젝트의 성공에 실질적으로 기여하고 있다는 생각이 들자 그의 기분은 극적으로 개선됐다.

> 오늘 팀 회의에서 기분이 훨씬 나아졌다. 프로젝트에 있어 내 의견과 정보가 중요하며, 우리가 어느 정도 전진하고 있다고 느꼈다.

2. 일에 대한 구성원들의 주인의식을 무너뜨리는 경우. 갑작스러운 업무 재배치가 일어날 경우 종종 이런 일이 발생한다. 팀원 브루스의 설명대로, 한 대형 소비재 회사의 제품 개발 팀원들에게 이런 일이 반복적으로 발생했다.

> 여러 프로젝트를 다른 사람에게 넘기는 경험을 해왔지만, 나는 내가 키워온 프로젝트를 포기하고 싶지 않았다. 특히 처음부터 함께 해왔는데 거의 마무리 단계에 이르렀을 때는 더욱 그렇다. 우리는 또 프로젝트의 주도권을 잃었다. 우리에게 이런 일이 너무 자주 생긴다.

3. 관리자가 구성원들이 하고 있는 일이 결코 빛을 보지 못할 것이라는 메시지를 보낼 때. 전체적인 사업의 우선순위가 바뀌거나 일처리 방식을 바꿀 때 의도치 않게 이런 신호를 보내게 된다. 한 인터넷 기술 회사의 경우, 사용자 인터페이스 개발자 버트는 비영어권 사용자들도 원활히 사용할 수 있도록 서비스를 전환하는 작업에 수주를 보내던 중 이런 변화를 맞았다. 그는 이 사건을 일기에 적으면서 몹시 기분이 상해 있었다.

> 팀 회의 도중 국제 인터페이스에 대한 다른 옵션이 팀에 제공됐다. 어쩌면 이로 인해 내가 하고 있는 작업이 아무 소용없어질지도 모르겠다.

4. 고객의 우선순위가 예기치 않게 변경됐으나 이를 제때 알리지 못한 경우. 고객 관리가 미흡하거나 회사 내 의사소통이 원활하지 않을 때 이런 일이 종종 발생한다. 예를 들어, IT 회사의 데이터 혁신 전문가인 스튜어트는 수주간 팀이 애써 노력한 일이 헛수고가 될 수도 있다는 사실을 알게 된 날, 크게 좌절하고 의욕이 떨어졌다고 썼다.

> 고객의 의제 변경으로 인해 프로젝트가 중단될 가능성이 크다는 사실을 알게 됐다. 프로젝트에 쏟은 모든 시간과 노력이 시간 낭비가 될 수도 있다.

끌었다. 그러나 때때로 격한 감정에 휩싸여 부하직원들에게 피해를 끼치는 일도 있었다. 가령 그들이 거래하는 공급자가 '긴급한' 주문을 제때 이행하지 못하면 기한을 맞추려 항공편을 이용하느라 판매 수익이 고스란히 날아가는 경우가 생긴다. 화가 난

마이클은 부하직원들을 비난하고 노고를 깎아내렸으며, 그들 역시도 일정을 맞추지 못한 공급자로 인해 고생했다는 사실은 무시했다. 그는 일지에서 이런 사실을 인정했다.

금요일 현재, 두 번째 고객에게 30달러짜리 스프레이 제트 대걸레 1,500개를 보내기 위해 항공 운임으로 2만 8,000달러를 지출했다. 추가적으로 2,800개를 더 보내야 하는데, 다시 비행기를 이용해야 할 가능성이 높다. 나는 친절한 상사에서 복면을 쓴 사형 집행인으로 변해버렸다. 인사치레 같은 것은 전부 사라지고, 우리는 곤란한 상황에 처했다. 예산 문제로 더는 항공 운송을 이용할 수 없으니, 남은 건 싸움뿐이다.

조직의 관리자는 장기적인 전략을 수립하고 새로운 계획을 실행해야 하지만, 부하직원이 꾸준히 발전하고 인격체로 존중받는다는 느낌을 받게끔 행동하는 것이 더 중요하다. 이번 연구에서 반복적으로 확인했듯이, 아무리 좋은 전략이라도 관리자가 이를 실행하기 위해 현장에서 일하는 사람들을 무시한다면 그 전략은 실패할 수밖에 없다.

직장생활의 내면상태를 최적으로 유지하는 법

전진을 촉진하고 다른 이들의 사기를 북돋우는 방법을 하나하나 살펴볼 수도 있다. 하지만 그보다는 일관적으로 전진을 촉진하는 조치를 시행한 모범 사례를 살펴보는 편이 더 유용할 것이다. 모범 예시를 살펴보면 누구라도 그 방식을 따라해볼 수 있기 때문이다.

이제 유럽의 어느 다국적 기업에서 화학 엔지니어로 구성된 작은 팀을 이끄는 그레이엄의 사례를 살펴보자. 이 팀의 새로운 프로젝트는 명확하고 의미가 있었다. '뉴폴리'라는 이름이 붙은 이 프로젝트는 1차적으로는 화장품에서, 궁극적으로는 다양한 소비재에서 사용되는 석유화학 제품을 대체할 안전한 생분해 폴리머 개발을 목표로 했다. 하지만 많은 대기업 프로젝트가 그렇듯, 이 프로젝트 역시도 혼란스럽고 위협적인 기업 환경에 시달려야 했다. 최고 경영진은 계속해서 프로젝트의 우선순위를 바꾸었고, 외부의 신호는 자주 충돌했으며, 프로젝트에서 내세운 명분도 불투명했다. 자원은 불편할 정도로 부족했고, 프로젝트는 물론이고 팀원의 미래 역시 불투명했다. 더군다나 프로젝트 초기에 중요한 고객이 샘플에 불만을 표하는 사건이 발생하여 팀은 혼란에 빠졌다. 하지만 그레이엄은 누구나 알 수 있도록 계속해서 프로젝트의 장애물을 제거하고 물질적, 정신적으로 팀을 지원함으로써 팀원들의 직장생활의 내면상태를 순조롭게 유지했다.

그레이엄의 관리 방식은 다음의 4가지 측면에서 돋보였다. 첫째, 그는 사건이 발생할 때마다 한 번씩 긍정적인 분위기를 조성하여 팀 전체에 행동 규범을 정립했다. 예를 들어, 고객의 불만으로 프로젝트가 중단되자 그는 팀원 개인에 대한 아무런 비난도 하지 않고 팀과 협력하여 즉시 문제를 분석하고 관계를 회복하기 위한 계획을 수립했다. 이 과정에서 당황하거나 남을 탓하지 않고 문제와 원인을 파악하여 그 해결책을 실행할 계획을 세움으로써 업무상 위기에 대응하는 절차를 만들었다. 이는 매우 실용적인 접근 방식으로, 복잡한 프로젝트에 당연히 따르기 마련인 실수와 실패에 굴하지 않고 팀의 구성원들에게 앞으로 나아간다는 느낌을 부여한다.

둘째, 그레이엄은 팀의 일상적인 활동과 전진 여부에 계속 관심을 기울였다. 이는 그가 비판적이지 않은 분위기를 조성한 덕분에 가능했다. 팀원들은 그레이엄이 묻지 않아도 어디서 좌절이나 전진을 경험했는지, 계획은 무엇인지 자주 공유했다. 한번은 열정적으로 일하던 팀원인 브래디가 변수를 제대로 통제하지 못해 신소재 실험이 중단된 일이 있었다. 뉴폴리 팀은 일주일에 하루만 실험 장비를 쓸 수 있었던 상황이었기에 매우 암담한 소식이었다. 그러나 브래디는 지체없이 이 소식을 그레이엄에게 전했다. 그날 저녁 브래디는 일지에 이렇게 적었다. "그레이엄은 일주일을 낭비하게 되어 언짢아하면서도 내 사정을 이해하는 것 같았다." 이처럼 팀원들의 상황을 이해한 덕분에 그레이엄은 팀 내 정보를 제때 파악하고 대응할 수 있었다.

셋째, 그레이엄은 최근 발생한 사건에 따라 지원 대상을 정했다. 그는 팀의 정보를 모두 파악하고 있었으므로, 어떻게 개입(촉진 요인 혹은 억제 요인의 제거, 강화 요인과 방해 요인에 대한 해결책 제시)해야 팀원들이 직장생활의 내면생활과 전진에 가장 큰 영향을 미칠지 판단할 수 있었다. 확신이 없을 때에는 직접 물어봤다. 대체로 그 답을 알아내기는 어렵지 않았다. 회사가 프로젝트를 폐기하거나 중단하지 않고 확고하게 진행할 예정이라는 기쁜 소식을 전해들은 날이 대표적이었다. 당시 회사 내부에 조직 개편에 대한 소문이 돌고 있었고, 팀원들은 이로 인해 무척 불안해하고 있었다. 그는 그 사실을 알고 있었기에, 조직 개편안이 휴일에서야 확정됐음에도 즉시 전화를 걸어 팀원들에게 좋은 소식을 전하며 격려했다.

마지막으로 그레이엄은 시시콜콜하게 간섭하고 따지며 마이크로 매니징을 하지 않고 팀원들에게 도움을 주는 관리자로 자리매김했다. 그는 팀원들이 제대로 일을 하고 있는지 '검사' 하는 대신 팀원들의 상황을 확인했다. 확인과 검사는 매우 비슷해 보이지만, 마이크로 매니징을 하는 관리자는 다음과 같은 4가지 실수를 저지른다. 첫째, 일을 진행할 때 구성원의 자율성을 허용하지 않는다. 그레이엄은 뉴폴리 팀에 명확한 전략적 목표를 제시하면서도 목표를 달성하는 방법에 대해서는 팀원 각자의 아이디어를 존중했다. 이와 달리 마이크로 매니징을 하는 관리자는 모든 행동을 일일이 지시한다. 둘째, 마이크로 매니징 관리자는 실질적인 도움을 주지 않으면서 팀원에게 일에 관해 자주 물어본다. 반면 팀원 중 한 명이 문제를 보고하면 그레이엄은 대안적 해석의 가능성을 열어둔 채 팀원이 분석하도록 도왔으며, 결국 일을 정상화하는 데 도움을 주었다. 셋째, 마이크로 매니징 관리자는 문제가 발생했을 때 개인에게 책임을 전가하는 경향이 있다. 이로 인해 브래디의 경우에서처럼 구성원이 문제에 직면했을 때, 이를 극복하는 방법을 정직하게 논의하기보다 숨기도록 유도한다. 넷째, 마이크로 매니징을 일삼는 관리자는 자신의 비밀 무기로 사용하기 위해 정보를 축적하는 경향이 있다. 이런 행동이 직장생활의 내면상태에 얼마나 해로운지 제대로 파악하는 사람은 거의 없다. 사람들은 관리자가 유용한 정보를 숨길 가능성이 있다고 인지하면 어린애 취급을 받았다고 느끼고 의욕이 떨어지며 일에 차질을 빚는다. 그레이엄은 프로젝트에 대한 고위 경영진의 견해, 고객의 의견과 요구 사항, 조직 내·외부의 잠재적인 지원 또는 문제의 원인을 구성원에게 신속하게 전달했다.

이와 같이 그레이엄은 여러 방식으로 팀의 긍정적인 감정과 내재적 동기 부여, 우호적인 인식을 유지했다. 그의 행동은 직급을 막론하고 모든 관리자가 전진을 도모하려면 부하직원들에게 어떻게 접근해야 하는지 강력한 본보기가 된다.

열정적으로 조직을 관리하려는 사람이라도 그레이엄이 보인 행동을 자연스럽게 익히기는 쉽지 않다. 인식은 그 행동을 익히기 위한 첫 번째 단계다. 여기서 더 나아가 인식을 루틴으로 바꾸기 위해서는 훈련이 필요하다. 이를 염두에 두고 조직을 관리하는 사람이 직장생활의 내면상태를 최적의 수준으로 유지할 수 있도록 매일 참고할 수 있는 체크리스트를 소개한다. 이 체크리스트를 통해 하루하루 의미 있는 전진을 이룰 수 있도록 팀원을 관리할 수 있을 것이다.

일일 전진 체크리스트

하루 일과를 마칠 때 이 체크리스트를 통해 하루를 검토하고 다음 날 무엇을 어떻게 관리해야 할지 계획을 세워보자. 먼저, 업무상 전진과 좌절에 초점을 맞추고 그 원인이 된 특정 사건(촉진 요인과 강화 요인, 억제 요인과 방해 요인)에 대해 생각해보라. 다음으로 직장생활의 내면상태에 대한 명확한 단서가 있는지, 그리고 그 단서가 전진과 기타 사건에 어떤 추가적인 정보를 제공하는지 살펴본다. 마지막으로 각 행동의 우선순위를 정한다. 다음 날의 실행 계획은 하루를 돌아볼 때 가장 중요한 부분이다. 전진을 촉진하기 위해 단 한 가지만 할 수 있다면 무엇을 하겠는가?

전진

오늘 어떤 사건에서 작은 성공 또는 돌파구의 가능성을 보았는가?

좌절

오늘 어떤 사건에서 작은 좌절이나 위기의 가능성을 보았는가?

촉진 요인

☐ 팀에 의미 있고 명확한 장기 또는 단기 목표가 있는가?

☐ 팀원들에게 문제를 해결하고 프로젝트에 대한 주인의식을 느낄 만한 자율성이 있는가?

☐ 효율적으로 프로젝트를 진행하는 데 필요한 모든 리소스를 확보했는가?

☐ 의미 있는 일에 집중하기 위한 충분한 시간이 주어졌는가?

☐ 팀이 필요로 하거나 요구했을 때 적당한 '도움'을 주었는가? 혹은 팀원들이 서로 돕도록 장려했는가?

☐ 오늘의 성공과 실패에서 얻은 교훈을 팀원들과 함께 논의했는가?

☐ 그룹 내에서 아이디어가 자유롭게 흘러갈 수 있도록 도왔는가?

억제 요인

☐ 의미 있는 일을 위한 장기 또는 단기 목표에 대해 혼선이 있지는 않았는가?

- [ ] 팀원들이 문제를 해결하고 프로젝트에 주인의식을 느끼는 데 지나치게 제약을 받지는 않았는가?
- [ ] 프로젝트를 효과적으로 진행하는 데 필요한 자원이 부족하지는 않았는가?
- [ ] 의미 있는 일에 집중할 시간이 부족하지는 않았는가?
- [ ] 나 또는 다른 사람이 필요하거나 요청받은 도움을 제공하지 못했는가?
- [ ] 실패를 '처벌'하거나 문제와 성공에서 교훈 혹은 기회를 찾는 것을 소홀히 하지는 않았는가?
- [ ] 나 또는 다른 사람이 아이디어를 발표하거나 토론하는 일을 조기에 중단하지는 않았는가?

강화 요인

- [ ] 팀원들의 전진에 대한 공을 인정하고, 그들의 아이디어에 귀 기울이며, 그들을 신뢰할 수 있는 전문가로 대우함으로써 존중하는 태도를 보였는가?
- [ ] 어려운 과제에 직면한 팀원을 격려했는가?
- [ ] 개인적 또는 직업적 문제가 있는 팀원을 지지했는가?
- [ ] 팀 내에 개인적·직업적 소속감과 동지애가 있는가?

방해 요인

- [ ] 팀원들의 전진에 대한 공을 인정하지 않거나 그들의 아이디어에 귀 기울이지 않거나 신뢰할 수 있는 전문가로 대우하지 않는 등 팀원을 무시한 적이 있는가?
- [ ] 어떤 식으로든 팀원의 의욕을 꺾은 적이 있는가?
- [ ] 개인적 또는 직업적 문제가 있는 팀원을 방치한 적이 있는가?
- [ ] 팀원 사이에 또는 팀원과 나 사이에 긴장감이나 반목이 있는가?

직장생활의 내면상태

오늘 팀원의 직장생활의 내면상태에 대한 징후를 보았는가?

업무, 팀, 관리, 회사에 대한 인식

감정

동기 부여

오늘 직장생활의 내면상태에 영향을 미친 구체적인 사건은?

실행 계획

파악한 억제 요인과 독소 조건을 제거하기 위해 내일 무엇을 할 수 있는가?

파악한 촉진 요인과 강화 요인을 지원하고 부족한 부분을 보충하기 위해 내일 무엇을 할 수 있을까?

작은 전진이 모여 큰 성공을 부른다

전진의 긍정적 피드백 루프를 구축하라

직장생활의 내면상태는 성과를 좌우한다. 뛰어난 성과는 지속적인 전진에 달려 있으며, 뛰어난 성과는 직장생활의 내면상태를 향상한다. 이를 전진의 순환고리라고 한다. 이런 루프는 자기강화적 잠재력을 보여준다.

따라서 전진의 원칙이 일깨우는 가장 중요한 의미는 다음과 같다. 관리자는 구성원들이 의미 있게 여기는 업무상 전진을 지원함으로써 직장생활의 내면상태뿐만 아니라 조직의 장기적인 성과도 개선할 수 있다. 그리고 이로 인해 직장생활의 내면상태도 더욱 증진된다. 하지만 부정적인 피드백 루프가 발생할 우려도 있다. 관리자가 구성원의 전진을 지원하지 못하면 사내 업무환경이 악화되고 성과도 저하된다. 그리고 성과가 저하되면 직장생활의 내면상태도 더욱 훼손된다.

전진의 원칙이 지닌 두 번째 의미는 관리자가 구성원들에게 동기를 부여하고 행복하게 만들기 위해 그들의 마음을 읽으려고 애쓰거나, 복잡한 인센티브 제도를 만들 필요가 없다는 것이다. 관리자가 기본적인 존중과 배려를 보여주는 한 구성원들은 업무 자체에 집중할 수 있다.

효과적인 관리자가 되려면 전진의 긍정적 피드백 루프를 작동시켜야 한다. 그러기 위해서는 커다란 변화가 필요하다. 기업에서는 일반적으로 조직이나 사람을 관리하는 데 초점을 맞춘다. 하지만 전진 관리에 초점을 맞추면 사람, 나아가 조직 전체를 훨씬 더 쉽게 관리할 수 있다. 구성원들이 직장생활에 대해 어떻게 생각하고 느끼는지 내면상태를 하나하나 정밀하게 조사할 필요도 없다. 사람들이 의미 있는 일에서 꾸준한 전진을 이루도록 촉진하고 성과를 뚜렷이 느낄 수 있게 잘 대우하면, 구성원들은 자연히 뛰어난 성과에 필요한 감정과 동기 부여, 인식을 경험한다. 구성원이 업무를 우수하게 해내면 팀 전체가 성공에 가까워진다. 그리고 무엇보다 구성원들이 자신의 업무를 행복하고 자랑스럽게 여길 것이다.

테레사 애머빌은 하버드 경영대학원 경영학 교수로, 사회적 환경이 개인의 창의성에 미치는 요인을 연구하는 조직혁신 분야의 대가다. 저서로 《전진의 법칙The Progress Principle》(정혜, 2013), 《창조의 조건Creativity in Context》(21세기북스, 2010)이 있다.
스티븐 크레이머는 심리학자이자 독립 연구자로, 《전진의 법칙》의 공저자다.

팀원에게 동기를 부여하는 법

팀 구성원들이 창의적으로 일하도록 동기를 부여하려면 어떻게 해야 할까? 우선 매일 한 걸음씩 앞으로 나아갈 수 있도록 도와 주어야 한다. 지식노동자의 일지를 분석한 결과, 의미 있는 일에 서 전진을 경험하는 것이 긍정적인 직장생활의 내면상태(성과에 결정적인 감정과 동기, 인식의 결정체)에 가장 크게 기여했다. 하루 업무를 마쳤을 때 의욕이 생기고 만족스럽다면 아무리 작은 일 이라도 무언가를 성취했을 가능성이 크다. 의욕이 없고 즐거운 기색도 없이 사무실을 빠져나간다면 좌절이 그 원인일 가능성 이 크다. 이런 전진의 원칙을 고려하면 관리자는 팀원의 웰빙과 동기 부여, 창의적 성과에 생각보다 많은 영향력을 끼친다.

먼저 어떤 행동이 전진에 이바지하고 어떤 행동이 그 반대의 효과를 일으키는지 파악해야 한다. 대표적으로 목표를 명확히 설정하고 시간과 자원, 도움을 충분히 제공하며 팀원의 노고를 인정하는 행동이 전진에 이바지한다. 작은 성공도 직장생활의 내면상태를 크게 증진할 수 있다. 반대로 사소한 손실이나 좌절이 대단히 부정적인 영향을 미칠 수 있다.

의미 있는 일이라고 해서 신약을 개발하거나 암을 치료하는 것처럼 대단히 큰 일일 필요는 없다. 그저 그 일을 하는 사람에게 중요하면 된다. 전진과 직장생활의 내면상태 사이의 긍정적인 피드백 루프를 작동시키는 행동은 경영학 기초 과정 내용처럼 들릴 수 있지만, 새로운 습관을 확립하려면 규율이 필요하게 마련이다.

전문성의 함정에서 벗어나
새롭게 도전하라

시드니 핑켈스타인

기업은 인재를 채용할 때 전문성을 중요시한다. 전문성이 높은 사람은 탁월한 성과를 내고 높은 리더십 역량을 지녔으리라 여기기 때문이다. 그러나 10년 여에 걸쳐 최고 경영진을 연구한 결과, 때로는 전문성이 오히려 제대로 된 성과를 내지 못하도록 저해하기도 한다는 사실이 밝혀졌다.

2005년 8월 허리케인 카트리나가 뉴올리언스를 강타했을 때 국토안보부 운영 센터를 이끌었던 매슈 브로데릭Matthew Broderick의 경우를 살펴보자. 미 해병대 사령부를 지휘하는 등 수십 년 동안 비상 작전을 수행한 경험이 있는 장군이었기에 그는 허리케인에 대한 대응을 총괄하는 데 완벽한 인물로 보였다. 그는 그 역할에 대한 자신의 자격을 설명하면서 "많이 해봐서 잘 안다" 라고 말했다.

그러나 브로데릭은 카트리나가 강타하고 하루가 지나도록 구조 및 구호에 필요한 활동에 나서지 않았다. 그는 전문가적 사고방식에 기초해 재앙의 규모를 과소평가했다. 또한 결정을 내리기에 앞서 모든 변수를 확인하도록 훈련받았기에 '전쟁의 안개', 즉 불확실한 상황에서 결정을 내리지 않으려 했다. 브로데릭은 군사적인 위기 대처에는 능숙했지만 민간의 자연재해에 대처해본 경험은 없었다. 이번에는 빠른 대응이 더 중요한 경우였으나 그는 사실을 인식하지도 못했다. 지역이나 주 정부 소식통 대신 군사 정보에 지나치게 의존했으며 군 지휘 체계에 대한 전문 지식 때문에 연방 비상사태 관리 요원들이 자동으로 정보를 상부에 보고할 것이라고 잘못 판단했다. 그는 자신이 특정 분야에서 뛰어난 능력을 발휘했다는 이유로 다른 분야에서도 유능할 것이라고 믿었던 것 같다.

또 다른 유형은 해박한 지식과 경험으로 인해 시야가 좁아져서 새로운 도전을 시도하지 않아 경쟁에 취약해지는 경우다. 1990년대의 모토로라 경영진은 당시 해당 분야에서 상당한 수준의 전문성을 확보한 상태였다. 그래서 식스 시그마 원칙(결함을 발견하고 제거하는 품질 관리 방법론-옮긴이)에 따라 기술의 지속적인 개선 방법에만 몰두한 나머지 디지털 기술로 전환해야 하는 시기를 놓치고 경쟁업체에 크게 뒤처졌다. 그로부터 10여 년 후, 애플이 아이폰을 처음 출시했을 때 기술 전문가들은 앞다투어 애플의 행보를 깎아내렸다. 당시 PC 및 커넥티드 컴퓨팅 사업에 정통했던 마이크로소프트의 CEO 스티브 발머Steve Ballmer는 전통적인 쿼티QWERTY형 키패드가 없는 장비로는 유의미한 시장 점유율을 확보할 수 없다고 선언하기까지 했다. 그보다 더 최근의 사례로는 아마존과 경쟁하느라 애를 먹고 있는 대형 소매업체를 들 수 있다. 대형 소매업체의 고위 경영진은 판매자로서 쌓은 전문성과 매장 디자인과 폐점 문제, 마케팅 믹스(제품, 가격, 장소, 홍보 등 크게 4가지로 나뉘는 마케팅 전략을 적절하게 결합하거나 조화해서 사용하는 전략-옮긴이) 변경과 같은 익숙한 전술에 지나치게 의존했고, 그 결과 아마존에 뒤처졌다. 전문가들은 자신이 알고 있는 것이 옳으며 앞으로도 항상 옳으리라고 간주했다. 하지만 현실이 바뀌자 폐쇄적인 사고방식을 유지하던 사람들은 실행력이 떨어지고 결국 기대 이하의 결과가 나왔다.

자신이 전문가라고 생각하면 일상적인 업무에서도 위기 상황에서도 모두 시야가 좁아진다. 실수와 실패를 인정하기를 꺼려 스스로의 발전을 가로막는다. 자신보다 '아래'에 있는 사람들과 거리를 두게 되어 그들의 애정과 신뢰를 얻기가 더 어려워진다. 게다가 사업 환경은 계속 변하기에, 시장을 빨리 파악한 동료나 새로운 지식을 습득하는 데 거리낌이 없는 외부인 또는 더 빠르고 나은 작업을 수행할 수 있는 인공지능 알고리즘이 우리를 앞서거나 대체할 위험이 있다. 결과적으로 시간이 더 흐르면 성공을 이끈 바로 그 전문성 때문에 불행하고 불만족스러우며 정체된 느낌에 사로잡힌다.

틀에 갇혔는가? 일하면서 '나이가 들고' 시대에 뒤떨어졌다는 느낌이 드는가? 다른 사람들이 나의 가정과 아이디어에 이의를 제기하기 어려워한다는 느낌이 드는가? 시장이 발전하는 모습이 당혹스러운가? 이는 전문성의 함정에 빠졌다는 신호 중 일부에 불과하다. 해결책은 단순하다. 학습과 성장에 몰두하는 것이다. 시계를 거꾸로 돌리고, 불교에서 말하는 초심자의 마음을 조금이라도 되찾아보자.

그런데 어떻게 그럴 수 있을까? 임원은 대부분 전문 지식에 얽매이고 싶지 않다고 말하면서도, 끝없이 이어지는 회의와 이메일, 마감일과 목표에 쫓기느라 새로운 사고방식이나 기술을 배울 여유가 없다. 어쩌다 한번 교육 세션에 참석하거나 여가 시간에 경제경영 분야의 최신 베스트셀러를 읽어보려 노력하지만, 여전히 전문가적 사고방식과 낡고 틀에 박힌 사고방식에 얽매여 있다.

하지만 바쁘게 일하면서도 생산성이 높은 탁월한 리더들은 전문성의 함정에서 벗어나거나 이를 피할 수 있는 방법을 안다. 이들의 사례를 통해 전문성의 함정에서 벗어나는 전략을 알아보자.

스스로의 전문성에 도전하라

전문가들이 전문성의 함정에 빠지는 이유는 자신의 전문 분야에서 똑똑해야 한다거나 최고가 되어야 한다는 강박에 시달리기 때문이다. 이런 문제에서 벗어나기 위해서는 기존의 정체성에서 벗어나 겸손함을 기르고 자신의 지적 한계를 상기해야 한다.

자만심을 주의하라

잘 나가는 것처럼 보이고 싶어 다른 사람을 지나치게 억누르지는 않는가? 팀원의 능력을 믿기보다 팀원에게 해결책을 지시하지 않는가? 항상 '올바른' 모습을 보여야 한다는 압박감을 느끼지는 않는가? 회사 차원의 표창과 콘퍼런스 초대, 업계에서의 수상에 큰 자부심을 느끼는가?

전문적인 지식에 뒤따르는 입지에 지나치게 만족하고 있다면, 잠시 현실을 직시해보자. 블룸버그 그룹의 창립자이자 전 CEO인 마이클 블룸버그Michael Bloomberg는 호화로운 개인 사무실 대신 일반 직원과 마찬가지로 평범하게 파티션으로 구분해놓은 공간에서 일했다. 이케아의 창립자 잉그바르 캄프라드Ingvar Kamprad 역시 소박하게 생활하면서 낡은 자동차를 몰았다. 콜게이트팜올리브의 전 CEO이자 현재 회장인 이안 쿡Ian Cook은 직접 공장과 시설 라커룸을 방문하여 실제 상황을 파악하곤 했다. 평직원들과 함께 셔틀을 타기 위해 예약된 주차 공간을 포기하고 뒤편 주차장을 이용하는 기업 임원들도 있다. 이런 사람들은 회의나 업계 행사에서 다른 사람의 업적에 주목하며, 모든 성공의 공로를 자신이 가져가려는 충동을 억제한다. 또한 팀원들에게 일방적으로 지시하는 대신 시간을 내서 그들의 의견을 경청한다.

습관적인 가정을 체계적으로 재검토하라

브로데릭 장군은 카트리나에 대한 초기 대응 과정에서 몇 가지 무분별한 가정을 했다. 습관처럼 굳어진 사고방식을 재검토해보면 그와 유사한 오류를 피할 수 있다. 새로운 프로젝트나 과제를 시작할 때, 이를 뒷받침하는 '가정'을 3가지 이상 적어보자. 예를 들어, 새로운 지역 시장에 진출하여 수익 증대를 도모하는 것이 목표라면 해당 시장이 매력적이고, 자신의 제품이나 서비스가 해당 시장에 적합하며, 다른 사람들처럼 시장을 잘 이해하고 있다는 등의 가정을 할 수 있다. 이런 가정을 하나씩 분석하면서 어떤 가정이 타당한지, 어떤 가정이 잘못됐는지 판단해보자. 그리고 그 결과에 따라 전략이나 접근 방식을 바꾸어야 한다.

한 의료기기 회사의 고위 임원은 회사가 뛰어난 기술력을 보유하고 있었는데도 시장 점유율을 높이는 데 어려움을 겪고 있었다. 이 연습을 통해 그 임원이 내놓은 가정은 다음과 같았다. "의료 전문가가 우리 사업 분야에서 집중해야 할 핵심 문지기 gate keeper입니다. 우리의 주요 경쟁사들은 대형병원 시스템에만 집착하고요. 우리 회사의 기술은 업계 최고입니다." 그 임원은 이 가정을 분석하면서 전문가들이 문지기이기는 하지만, 이들 중 기업가 정신이 강한 전문의일수록 새로운 파트너와의 협력에 개방적이라는 사실을 깨달았다. 덕분에 회사는 대형 병원 중심의 시스템에서 벗어나 자신만의 독립적인 클리닉을 설립하

ON HIGH PERFORMANCE

려는 의사를 대상으로 하는 시장을 개척할 수 있었다. 이런 생각 덕분에 그 임원은 전문성의 함정에서 벗어나 비전통적인 방식 으로 회사를 이끌며 탁월한 성과를 거둘 수 있었다.

신선한 아이디어를 추구하라

무언가를 배우기 위해서는 일단 새로운 지식에 노출되어야 한다. 하지만 전문가가 되면 폐쇄적으로 변하기 쉽다. 다른 사람들이 예전처럼 자신의 의견을 반박하지 않고, 그럴 수도 없다. 권위나 지위 때문에 학습이나 성장에 대한 압박에서 멀어질 수도 있다. 다음을 규칙적으로 실천하면 다른 중요한 요소를 저해하지 않으면서도 더욱 다양한 관점을 접할 수 있을 것이다.

팀원을 스승으로 생각하라

매달 시간을 할애하여 팀원, 특히 자신보다 전문성이 떨어지거나 성향이 다른 팀원으로부터 얻은 중요한 교훈이나 깨달음을 되돌아보자. 개방형 질문을 던져 당신의 의견과 다른 피드백을 제공하도록 팀원들을 자극해보자. 그런 다음 그들의 의견을 진지하게 받아들여야 한다. 의견을 제시하는 사람을 무시하거나 비판하지 말고 알맞게 보상하라. 소프트웨어 회사 크로노스의

CEO인 애런 에인Aron Ain은 사업상 긴급한 문제에 대한 새로운 인사이트를 얻기 위해 사무실을 돌아다니며 직원들과 가볍게 이야기를 나누거나, 다양한 직급의 구성원들과 즉석으로 포커스 그룹(배경이 유사한 소수의 참여자가 참여하는 그룹 인터뷰-옮긴이)을 자주 개최한다고 설명했다.

또 다른 전략으로 후배나 부하직원들은 중요하다고 생각하지만 당신이나 간부는 염두에 두지 않는 이슈를 발표할 기회를 만들어보자. 이런 자리는 후배들에게 성장의 기회를 제공할 뿐만 아니라, 당신이 시장 트렌드와 기술 또는 상황을 날카롭게 파악하는 데 도움이 된다. 케빈 콕스Kevin Cox는 2016년 아메리칸익스프레스의 최고 인사 책임자였을 때 이런 접근 방식을 취했다. 그는 회사에서 젊고 뛰어난 성과를 내는 사람을 3일간 특별 아이디어 세션에 참여하도록 한 다음, 그 결과로 나온 사업 제안을 간부 앞에서 발표하도록 했다. 하지만 이런 이벤트가 꼭 그렇게 체계적일 필요는 없다. 헤지펀드의 전설적인 인물인 줄리안 로버트슨Julian Robertson은 애널리스트 후배들이 동료 앞에서 자신의 아이디어를 펼칠 수 있는 비공식적 세션을 개최하기로 유명했다. 때로는 반발을 사기도 했지만, 그가 고취하려는 활발한 토론 정신은 모두가 높이 평가했다.

ON HIGH PERFORMANCE

다양한 인재를 등용하라

전문가들은 자신과 비슷하게 생각하고 똑같이 말하는 사람들로 둘러싸여 있기 때문에 창의적으로 생각하기 못하고 새로운 지식을 배우기도 어렵다. 이 문제를 해결하려면 다양한 직무와 산업 또는 문화적 배경의 사람을 채용해야 한다. 미식축구팀 샌프란시스코 포티나이너스의 전설적인 감독 빌 월시Bill Walsh는 아프리카계 미국인 어시스턴트 코치를 고용하고 인턴십 프로그램을 만들었다. 이를 통해 그 이전까지 없었던 새로운 인재 풀을 활용할 수 있었고, 그 공으로 내셔널풋볼리그의 존경을 받았다. 보스턴의 이스턴뱅크에서는 2014년 혁신 연구소를 설립한 후 동종 금융기관에서는 기존에 볼 수 없던 새로운 유형의 직원들을 영입했다. 청바지에 슬리퍼를 신은 창의적인 젊은이들 말이다.

이쯤 해서 자신의 팀과 회사, 업계에 대해 생각해보자. 인종이나 경험적 측면 등 어떤 형태로든 다양성이 소외되고 있지는 않은가? 현재 직장에 있는 사람들과 다른 배경의 사람들을 통해 독특한 아이디어나 색다른 관점을 얻을 수는 없을까? 기존과는 다른 경로를 통해 사람을 채용하고, 그들이 독창성과 호기심을 유지할 수 있도록 조심스럽게 이들을 조직에 적응시켜보자. 누군가를 고용할 상황이 아니라면 학회나 커뮤니티에서 새로운 의견을 지닌 사람을 찾아내 대화를 나누어보고 친분을 쌓아보는 것도 도움이 된다.

롤모델 또는 학습 친구를 사귀어라

뉴욕의 유명 레스토랑인 레드루스터의 수석 셰프인 에티오피아계 스웨덴인 마커스 사무엘손Marcus Samuelsson은 배우고자 하는 욕구가 크다. 그래서 나이를 가리지 않고 배움을 얻을 수 있는 사람을 찾아다니는데, 그러다가 뉴올리언스의 90대 셰프인 레아 체이스Leah Chase를 만났다. 사무엘손이 말하길 레아는 "한결같은 설렘을 품고 여전히 모든 것에 의문을 제기한다." 당신이 이런 시선으로 바라볼 수 있는 사람은 누구인가? 회사나 업계에 창의성 또는 성장에 유난히 헌신하는 사람이 있는가? 그런 사람을 찾아보고 그 활동을 지켜보며 정기적으로 연락해서 생각을 함께 나눌 수 있는지 물어보자. 그 사람은 무슨 생각을 하고 무엇을 읽는가? 시야를 넓히고 최신 동향을 익히기 위해 무엇을 하는가?

자신의 생각에 도전하고 새로운 아이디어를 함께 논의하는 동료인 '학습 친구'와 관계를 구축할 수도 있다. 스크립스헬스의 CEO 크리스 반 고더Chris Van Gorder는 조직 안팎으로 '믿음직한 친구들' 그룹과 상의하는데, 이 친구들은 그의 성과에 대해 솔직하고 때로는 엄한 피드백을 제공한다. 다른 분야의 사람들과 함께 임원 개발 프로그램 등에 참석하면 자문 역할을 해줄 수 있는 사람과 관계를 맺어보자.

실험주의를 수용하라

전문성의 함정에 갇힌 사람은 좀처럼 새로운 것을 배우지 않으며 더 이상 실험과 위험을 감수하지 않는다. 이는 결국 몰락으로 이어지게 마련이다. 넘어질 위험이 있더라도 자신의 안전지대를 벗어나야 한다.

스스로 창의적인 도전을 시도하라

다른 사람들이 나를 자극해줄 때까지 기다리지 마라. 낯설거나 특이한 과제가 생기면 '과학 실험'이라고 여기고 새로운 경지를 개척한다는 생각으로 도전해보자. 정해진 규칙을 잠시 잊고 다른 방식으로 과제를 수행해보는 것도 좋다. 다른 방식으로 일한다고 해서 반드시 시간이 더 오래 걸리지는 않는다(어쩌면 효율적인 방법을 찾아낼 수도 있다). 다만 이 과정에서 팀의 이익을 위해 적극적으로 이런저런 방법을 시도해보고 있으며 위험을 감수하고 있다는 점을 강조하면서 상사에게 일정상의 여유를 요청하는 것이 좋다.

일 외의 새로운 활동에 도전하는 것도 도움이 된다. 성공한 사람들의 예를 살펴보면, 새롭고 신선한 관점을 얻기 위해 색다른 취미를 즐기고 그 과정에서 얻은 결과를 다시 사무실로 끌어오는 경우가 많다. 마크 저커버그Mark Zuckerberk는 중국어를 독학으로 배웠고, 골드만삭스의 CEO 데이비드 솔로몬David Solo-mon은 맨해튼의 나이트클럽에서 취미로 디제잉을 한다. 마이크로소프트의 전 임원 네이선 미어볼드Nathan Myhrvold는 요리책을 쓴다.

실수를 감추지 마라

전문가들은 자신의 실수를 대수롭지 않게 생각하는 경우가 많다. 자신의 능력이 대단하다는 시각을 고수하기 위해서인 듯하다. 하지만 뛰어난 리더라면 실수를 인정하고 감추지 말아야 한다. 자신이 실수를 저질렀을 때는 더욱 그렇다. 매달 시간을 내어 자신이 저지른 크고 작은 실수를 돌이켜보자. 어떤 패턴이 눈에 띄는가? 팀원들과 의견이 맞지 않았는가? 결정할 때 성급하게 판단하지는 않았는가? 감행했던 실험에서 실수를 저지른 적은 없는가? 만약 그렇다면 어떤 교훈을 얻을 수 있었는가? 그리고 성과를 개선하기 위해서 어떤 새로운 실험을 시도할 수 있을까?

이 훈련의 결과를 널리 공개하라. 분기별로 '실수' 회의를 열고 최근 몇 달 동안 저지른 커다란 실수와 그 실수로부터 배운 점을 설명하면 좋다. 그런 다음 팀원들에게도 같은 훈련을 하도록 권해보자. 인도 기업계의 거물 라탄 타타Ratan Tata는 충분히 가치 있지만 성공하지 못한 프로젝트에 도전한 직원에게 수여하는 '기꺼이 시도하기Dare to Try'라는 상을 만들고 매해 수상하며 이런 훈련을 제도화하려고 노력했다.

배움이란 결코 끝나지 않으며, 즐겁고 겸허한 자세로 평생 추구해야 한다. 자신의 전문성과 권위가 도전받는 것보다 안주하는 것이 더욱 두려운 일이다. 다행히도 우리 모두에게는 배움을 일의 본질에 녹여낼 힘이 있다.

전문성의 함정이 만연하고 그만큼 위험하기도 하지만, 우리는 전문가로서의 정체성을 재조정하고, 팀원의 말에 귀 기울이고, 다양한 목소리를 경청하고, 새로운 롤모델을 찾고, 새로운 활동에 도전하고, 실수로부터 배움으로써 함정에서 벗어나거나 이를 피할 수 있다. 전문가의 관점과 더불어 초심자의 정신을 기르면 새로운 수준의 창의성을 얻고 좋은 성과를 낼 수 있다.

시드니 핑켈스타인은 다트머스대학교 터크 경영대학원의 경영학 교수다. 리더십과 전략 분야의 세계적인 석학으로, 전 세계 많은 기업의 자문을 담당했으며, 베스트셀러 《슈퍼 보스Superbosses》(문학동네, 2020), 《왜 똑똑한 지도자들이 실패하는가Why Smart Executives Fail》(2004)의 저자다.

좋은 기분이
탁월한 성과를 만든다

대니얼 골먼, 리처드 보이애치스, 애니 맥키

감성지능 이론이 널리 주목받기 시작했을 때, 일선에서는 "믿을 수 없다" 혹은 "난 이미 알고 있었다"라는 두 부류의 반응이 나왔다. 기업 경영진들은 자기인식과 공감 같은 역량으로 대표되는 정서적 성숙도와 재무 성과 사이에 뚜렷한 연관성이 있다는 연구 결과에 대체로 동의했다. 간단히 말해 '괜찮은 사람good guy', 즉 남녀를 불문하고 정서적으로 성숙한 사람이 먼저 성과를 내는 것으로 나타났다.

또 다른 연구에 따르면 최종 성과에 영향을 미치는 모든 요소 중 리더의 기분과 그에 따른 행동이 무척 중요하다는 결론이 나왔다. 이 소식을 들은 사람들은 처음에 "말도 안 돼!"라고 외치

다가는 이내 "그렇긴 하지"하고 덧붙였다. 연구에 따르면 리더의 기분과 행동은 강력한 연쇄 반응을 일으켜 다른 모든 사람의 기분과 행동까지 좌우한다. 괴팍하고 인정사정없는 상사는 부정적이며 성과가 저조한 사람들로 가득 찬 조직을 만들고, 이들은 좀처럼 기회를 알아차리지 못한다. 반면 영감을 주고 너그러운 리더에게는 어떤 도전도 극복할 수 있게 도와주는 팔로워가 생긴다. 이 연쇄 반응의 끝에는 성과, 즉 수익 또는 손실이 있다.

리더의 정서가 팀 전체에 미치는 영향은 감성지능에 관한 연구와 그리 멀지 않다. 연구에 따르면 리더가 높은 수준의 감성지능을 보유하고 있을 경우, 팀원들은 신뢰를 바탕으로 서로 원활히 정보를 공유하고 건전한 수준의 위험을 추구하며 배우려는 욕구가 강해진다. 그러나 리더의 감성지능이 낮으면 팀원들은 두려움과 불안을 느낀다. 긴장하거나 겁에 질린 직원이 단기적으로 생산성이 무척 높아져서 좋은 성과를 거둘 수는 있지만 이런 현상은 결코 오래 지속되지 않는다.

감성지능이 어떻게 좋은 성과를 이끌어낼까? 특히 감성지능은 어떻게 리더에서부터 조직을 거쳐 최종 성과로 이어질까? 이 연쇄 반응을 하나로 이어주는 메커니즘을 찾기 위해 최신 신경학 및 심리학 연구를 살펴보았다. 기업 리더들과 함께 수행한 연구, 수백 명의 리더에 대한 동료들의 관찰, 경영진 수천 명의 리더십 스타일을 다룬 헤이 그룹Hay Group의 데이터도 활용했다.

이런 연구를 통해 감성지능은 전선을 통해 전기가 흐르듯 조직을 통해 전달된다는 사실을 발견할 수 있었다. 더 구체적으로 말하자면, 리더의 기분에는 전염성이 있어 기업 전체에 빠르고 거침없이 퍼져나간다.

기분이 전염되는 메커니즘에 대해서는 뒤에서 더 자세히 알아볼 것이다. 그 전에 먼저 이 연구의 주요 시사점을 살펴보자. 리더의 기분과 그에 따른 행동이 사업 성공의 강력한 원동력이라면 리더의 가장 중요한 임무는 감성적 리더십이라고 할 수 있다. 리더는 대체로 긍정적이고 진실하며 활기찬 기분을 유지해야 하며, 팔로워들로 하여금 리더가 선택한 길을 알고 이에 따라 행동하도록 이끌어야 한다. 따라서 재무적인 성과를 내기 위한 관리는 결국 리더가 자신의 내면을 관리하여 올바른 감정과 행동의 연쇄 반응이 일어나도록 하는 데서 시작한다.

물론 내면을 관리하기는 쉽지 않다. 이는 비단 리더뿐만 아니라 대부분의 사람에게도 매우 어려운 과제다. 그리고 자신의 감정이 다른 사람에게 어떤 영향을 미치는지 정확하게 측정하기도 쉽지 않다. 예를 들어, 모두가 자신을 낙천적이고 믿음직한 사람으로 본다고 확신했던 한 CEO의 부하직원들은 그의 쾌활함이 부자연스럽고 가식적이며, 의사결정 역시 불규칙하다고 말했다(이와 같은 단절 상태를 'CEO병'이라고 한다). 다시 말해, 언제나 당당한 표정을 유지하는 것만으로는 근본적으로 리더십을 갖추었다고 할 수 없다. 리더는 반성적 분석을 통해 자신의 감성적 리더십이 조직의 분위기와 행동에 어떤 영향을 미치는지 파악하고 절제력 있게 자신의 행동을 조정해야 한다.

리더라면 언제나 즐거운 나날을 보내야 한다는 뜻은 아니다. 살다 보면 운이 나쁜 날이나 기분이 좋지 않은 때도 있게 마련이다. 또한 반드시 큰소리를 내거나 계속 좋은 기분을 유지해야 하는 것도 아니다. 낙천적이고 성실하며 현실적인 태도로도 충분하다. 하지만 리더라면 크고 작은 책임을 맡기 전에 먼저 자신의 기분과 행동이 미치는 영향에 주의해야 한다. 이 글에서는 다른 사람들이 자신의 리더십을 어떻게 느끼고 있는지 평가하는 절차를 소개하고, 그 영향을 바로잡는 방법을 알아볼 것이다.

먼저 직장에서 기분에 대해 자주 논의하지 않는 이유, 기분이 전염되게 하는 뇌의 작동 방식, CEO병에 대해 우리가 알아야 할 사항을 살펴보자.

기분 문제는 사생활의 영역인가?

리더의 정서적 영향은 리더십과 성과에 관한 자료는 물론이고 직장에서도 좀처럼 논의되지 않는다. 일반적으로 '기분'이 너무 개인적인 영역으로 느껴지기 때문이다. 미국의 경우 개인적인 문제에 대해 충격적일 정도로 솔직하기도 하지만, 법적인 제재도 가장 많이 받는다. 입사 지원자의 나이조차 물어볼 수 없다. 따라서 리더의 기분이나 리더가 직장에서 조성하는 분위기에 대한 대화는 사생활 침해로 해석될 수 있다.

또한 리더의 정서 유형과 그 영향에 관해 이야기하는 일 자체가 가벼운 주제로 느껴지기에 그런 이야기를 피할 수도 있다. 마지막으로 부하직원의 기분을 성과의 일부로 평가한 것이 언제였는가? "부정적인 시각 때문에 업무에 지장이 생겼어요"라거나 "당신의 열정이 놀라워요"와 같이 암시적으로 언급했을 수는 있지만, 조직의 성과에 미치는 영향은 물론이고, 대놓고 기분을 언급했을 가능성은 거의 없다.

하지만 누구나 한 번쯤은 낙천적인 상사 밑에서 일하며 영감을 얻었던 경험, 또는 신랄한 상사 아래서 고생했던 끔찍한 경험을 해본 적이 있을 것이다. 리더의 감정 상태는 성과에 실로 커다란 영향을 미친다. 낙천적인 리더는 무엇이든 가능하다고 느끼게 해서 목표를 달성하고 경쟁자를 제쳐 앞서 나가며 신규 고객을 확보하게 한다. 신랄한 리더는 구성원들을 지치게 만든다. 리더의 어두운 기분과 우울함으로 인해 조직의 다른 부분은 '적'이 되고, 동료들은 서로를 의심하며, 고객은 떠나간다.

여러 연구를 통해 이런 경험의 진실성이 확인됐다(물론 잔혹한 리더가 훌륭한 성과를 내는 경우도 가끔 있다). 연구 결과가 너무 다양해서 전부 다 언급하기는 힘들지만, 종합적으로 리더가 기분이 좋으면 주변 사람들이 모든 것을 더 긍정적인 시각으로 바라본다는 사실을 알 수 있다. 주변 사람들이 목표 달성에 대해 긍정적으로 생각하게 만들고, 그들의 창의성과 의사결정의 효율성을 높이며, 기꺼이 주변을 돕는 성향이 되게 한다. 1999년 코넬대학교의 앨리스 아이젠Alice Isen이 실시한 연구에 따르면 낙관적인 환경은 정신적 효율성을 촉진하여 사람들이 정보를 더 잘 받아들이고 쉽게 이해하며, 복잡한 판단을 내릴 때 일정한 규칙에 기반하고, 유연한 사고를 할 수 있게 만든다는 사실이 밝혀졌다. 그런가 하면 1986년 펜실베이니아 대학의 마틴 셀리그먼Martin Seligman과 피터 슐만Peter Schulman은 "유리잔에 물이 반이나 남았다"라고 생각하는 보험 설계사가 비관적인 동료보다 거절당하는 것을 무릅쓰고 끈기 있게 영업을 지속하는 능력이 훨씬 뛰어나 더 많은 판매를 성사시켰다는 사실을 입증한 바 있다.

정서적으로 좋지 않은 환경을 조성하는 리더는 결국 해고된다(물론 정서 유형 자체가 해고의 직접적인 이유는 아니다. 저조한 성과가 그 이유다). 하지만 정서 유형 문제로 꼭 해고되리란 법은 없다. 기분이 나빠도 그 기분을 바꿀 수 있는 것처럼, 정서적으로 무능한 리더의 해로운 감정이 퍼지는 것도 막을 수 있다.

잔혹하게 굴면서도 승리하는 리더의 비결은?

여러모로 감성지능이라고는 전혀 없는 무례하고 강압적인 사람 같은데 좋은 성과를 내는 리더를 본 적이 있을 것이다. 리더의 기분이 그토록 중요하다면, 비열한 리더들이 성공을 거두는 이유를 어떻게 설명할 수 있을까?

먼저 이런 유형을 좀 더 자세히 살펴보자. 첫째로, 특정 임원이 눈에 잘 띄는 성과를 낸다고 해서 그가 실제로 회사를 끌고 나가는 리더라고 할 수는 없다. 가령 대기업을 이끄는 CEO에게는 사실상 직접 명령을 내리는 부하직원이 없다. 사람들을 적극적으로 이끌고 수익성에 영향을 미치는 사람은 각 부서의 책임자다.

둘째로, 비열한 리더라도 신랄한 행동을 상쇄하는 강점이 있는 경우가 있다. 그러나 비즈니스 언론에서는 이 부분을 주목하지 않는다. 제너럴 일렉트릭 초창기에 잭 웰치Jack Welch는 급진적인 경영 혁신을 추진하면서 강력한 리더십을 발휘했다. 그 당시 상황에서는 웰치의 단호한 상의하달식 경영 스타일이 적절했다. 동시에 웰치는 회사의 새로운 비전을 제시하고 구성원들이 이를 따를 수 있도록 감성지능이 돋보이는 리더십을 펼쳤지만, 언론에서는 이 과정을 다루지 않았다.

이런 경우를 제쳐두고, 잔인한 리더십에도 뛰어난 사업 성과를 달성한 것처럼 보이는 악명 높은 리더 이야기로 다시 돌아가 보겠다. 이론 상으로는 회사에 손해를 끼쳐 마땅한 가혹한 리더의 예로 빌 게이츠Bill Gates가 있다.

그러나 상황에 따라 가장 효율적인 리더십은 달라진다. 게이츠는 탁월한 성취지향적 리더로, 조직에서 재능이 뛰어나고 의욕이 강한 인재를 엄선하는 역할을 한다. 과거의 성과를 뛰어넘으려고 요구하는 거친 리더십은 유능하고 의욕이 넘치며 지시가 거의 필요 없는 마이크로소프트 엔지니어 특유의 성향 덕분에 매우 효과적일 수 있다.

요컨대, 행동이 바람직하지 않으면서도 뛰어난 성과를 달성한 '거칠고 난폭한' 리더를 예로 들며 기분 관리의 중요성을 반박하기는 너무나 쉽

ON HIGH PERFORMANCE

다. 하지만 어떤 상황에서나 예외는 존재하게 마련이며, 기업이 처한 특수한 상황에 따라 최악의 리더라도 공감을 얻을 수 있다. 다만 기분과 감성 문제를 해결하지 않으면 결국 이로 인해 곤경에 처하고 말 것이다.

기분은 전염된다

뇌과학 연구가 활발해지면서 리더의 기분이 좋든 나쁘든 주변 사람들의 감정에 영향을 미친다는 사실이 입증되고 있다. 그 이유는 과학자들이 대뇌변연계의 개방 루프open-loop nature 속성이라고 부르는 감정 중추의 특징 때문이다. 폐쇄 루프 시스템은 스스로 조절하는 반면, 개방 루프 시스템은 외부 환경에 의존한다. 다시 말해, 우리의 기분은 다른 사람들과의 관계에 의존한다. 개방 루프 속성을 지닌 변연계는 진화적으로 매우 성공적인 설계다. 사람들이 서로를 감정적으로 돕게 만들기 때문이다. 엄마가 우는 아기를 달랠 수 있는 것도 변연계 덕분이다.

개방 루프의 목적은 오래전이나 지금이나 같다. 중환자실을 대상으로 한 연구에 따르면 다른 사람의 위로는 환자의 혈압을 낮출 뿐 아니라 동맥을 차단하는 지방산의 분비를 억제하는 것으로 나타났다. 또 다른 연구에서는 1년 이내에 극심한 스트레스(심각한 재정 문제, 해고, 이혼 등)를 주는 사건이 3번 이상 발생했을 때, 사회적으로 고립된 중년 남성의 경우 사망률이 3배로 늘어나는 데 반해, 여러 친밀한 관계를 맺고 있는 남성의 사망률에는 아무 영향을 미치지 않는 것으로 나타났다.

개방 루프는 '대인적 변연조절interpersonal limbic regulation'이라고도 불린다. 한 사람이 다른 사람의 신체 내 호르몬 수치와 심혈관 기능, 수면 리듬과 심지어 면역 기능까지 바꾸는 신호를 전송하기 때문이다. 이런 원리로 부부는 서로의 뇌에서 옥시토신 호르몬의 분비를 촉진해 기분 좋고 애정 어린 감정을 느낀다. 그러나 사회생활의 모든 영역에서 인간의 생리적 현상은 서로 뒤섞인다. 변연계의 개방 루프 설계로 인해 다른 사람이 우리의 생리적 현상과 감정까지 변화시킬 수 있다.

개방 루프 구조가 삶에서 상당히 많은 부분에 영향을 주는데도 우리는 그 과정을 알아차리지 못한다. 긍정적인 대화를 나누는 두 사람의 심박수 등 생리적 반응을 측정하여 감정이 일치하는 순간을 포착한 연구도 있다. 대화를 시작할 무렵 두 사람의 신체 리듬은 서로 다르지만 15분쯤 지나면 둘의 생리적 반응이 놀라울 정도로 비슷해진다. 연구진은 사람들이 서로 가까이 있을 때 감정이 이처럼 저항할 수 없을 정도로 퍼지는 현상을 여러 차례 목격했다. 1981년으로 거슬러 올라가 보면 심리학자 하워드 프리드먼Howard Friedman과 로널드 리지오Ronald Riggio가

완전히 비언어적인 표현도 다른 사람에게 영향을 미칠 수 있다는 사실을 발견했다. 예를 들어, 모르는 사람 3명이 서로 마주보고 앉아 1~2분간 침묵을 지키고 있을 때 3명 중 가장 감정 표현이 풍부한 사람은 말 한마디 없이 자신의 기분을 다른 두 사람에게 전달할 수 있다.

사무실과 회의실 또는 작업 현장에서도 마찬가지다. 집단 구성원들은 필연적으로 서로의 감정을 '포착'하게 된다. 2000년 뉴욕대학교의 캐럴라인 바텔Caroline Bartel과 미시간대학교의 리처드 사베드라Richard Saavedra가 분야를 망라해 70개의 작업팀을 조사한 결과, 회의에 참여한 사람들은 2시간 이내에 서로의 기분을 공유한다는 사실을 발견했다. 한 연구에서는 간호사와 회계사로 구성된 팀을 대상으로 수주간 팀 분위기를 모니터링하도록 요청했다. 이 과정에서 팀 구성원의 개인적 감정 역시 함께 추적했는데, 이 감정은 각 팀에서 함께 얼마나 고생했는지와는 대개 무관했다. 따라서 집단도 개인과 마찬가지로 질투에서 불안, 행복감에 이르기까지 모든 감정을 공유하면서 격렬한 감정의 변화를 함께 경험한다(참고로 좋은 분위기는 유머를 현명하게 사용할 때 가장 빨리 퍼진다).

모든 사람이 리더의 눈치를 보기 때문에 회사의 고위층에서 시작된 분위기가 가장 빨리 확산된다. 사람들은 리더로부터 감정적 신호를 받는다. 리더가 눈에 잘 띄지 않더라도(가령 고층 사무실에서 따로 일하는 CEO처럼) 리더의 태도는 직속 부하직원의 기분에 영향을 미치며, 이 도미노 효과는 회사 전체로 퍼져나간다.

웃어라, 그러면 세상도 함께 웃는다

이 진부하고 오래된 말을 기억하는가? 이는 사실이다. 앞서 살펴본 바와 같이 기분 전염은 실제로 신경학적으로 발생하는 현상이다. 하지만 모든 감정이 비슷한 수준으로 전염되지는 않는다. 1999년 예일대 경영대학원의 시걸 바르세이드Sigal Barsade가 실시한 연구에 따르면, 직장인들 사이에서 쾌활함과 따뜻함은 쉽게 퍼지는 반면, 짜증은 덜 퍼지고 우울은 가장 덜 퍼졌다.

웃음이 모든 감정 중에서 가장 전염성이 강하다. 누군가의 웃음소리를 들으면 웃거나 미소를 짓지 않을 수 없다. 뇌의 개방 루프 회로 일부가 미소와 웃음을 감지하도록 설계되어 있어 우리가 이에 반응하기 때문이다. 과학자들은 미소와 웃음이 동맹을 강화하여 인류가 생존하는 데 이바지했다는 이유로 이런 역학관계가 오래전에 우리 뇌에 각인됐다는 이론을 내세운다.

자신의 기분과 타인의 기분을 관리해야 하는 리더는 반드시 이 사실을 명심해야 한다. 유머는 낙관적인 분위기를 확산시킨다. 하지만 리더의 평소 기분과 마찬가지로 유머 역시 조직의 문화와 현실에 맞게 공감을 불러일으켜야 한다. 우리는 미소와 웃음이 진심일 때만 전염성이 있다고 믿는다.

ON HIGH PERFORMANCE

구성원과 공명하는 리더는 스스로 진단을 내린다

리더의 기분이 그렇게 중요하다면 리더가 직접 좋은 기분을 느끼는 편이 더 좋지 않을까? 하지만 자세히 살펴보면 문제는 생각보다 더 복잡하다. 리더의 기분이 좋아야 훌륭한 성과가 나오지만, 한편으로 리더의 기분은 주변 사람들과도 조화를 이루어야 한다. 이를 동적 공명dynamic resonance이라고 한다.

놀랍게도 많은 리더들이 자신이 조직과 공명하고 있는지조차 알지 못한다. CEO병을 앓고 있는 이들이 많기 때문이다. 이 병의 증상 중 하나는 자신의 기분과 행동이 조직에 어떻게 비춰지는지 전혀 알지 못한다는 점이다. 리더들이 주위의 시선을 무시한다는 의미가 아니다. 대부분은 신경 쓴다. 하지만 이들은 이런 정보를 자신이 해독할 수 있다고 잘못 생각한다. 또한 더욱 안타깝게도 자신이 부정적인 영향을 미치고 있다면 누군가 알려주리라 착각한다. 하지만 그렇지 않다. 한 CEO는 이렇게 설명했다.

제가 진실을 모른다고 느낄 때가 많습니다. 사람들이 거짓말을 하지는 않기 때문에 정확히 꼬집어 말할 수는 없어요. 하지만 중요한 사실을 숨기고 있다는 건 느낄 수 있습니다. 거짓말을 하지는 않지만 모든 것을 말해주지도 않아요. 저는 항상 추측해야 하죠.

사람들은 여러 가지 이유로 리더가 미치는 감정적 영향을 본인에게 직설적으로 말하지 않는다. 때로는 나쁜 소식을 전달하여 피해를 입지 않을까 두려워한다. 기분 같은 사적인 주제에 대해 언급하는 것이 적절하지 않다고 생각하는 사람도 있다. 그런가 하면 자신이 진정 이야기하고 싶은 내용이 리더의 기분이 조직에 미치는 영향이라는 사실을 깨닫지 못하는 사람도 있다. 그 이유가 무엇이든, CEO는 직원들이 자발적으로 전체 상황을 일일이 알려주기를 기대할 수는 없다.

공명을 이끌어내는 비법

좋은 기분은 좋은 성과를 가져다주지만 매출이 급감하거나 사업이 부진한 상황에서 리더가 종달새처럼 마냥 명랑하게 지낼 수는 없는 노릇이다. 따라서 눈앞의 상황에 맞는 분위기와 행동을 보이되, 언제나 건강한 낙관주의를 내비치는 것이 좋다. 우울감이나 패배감이라 할지라도 다른 사람들의 기분을 존중하며, 희망과 유머를 잃지 않고 앞으로 나아가는 모범을 보여야 한다.

감성지능을 구성하는 4가지 요소가 제대로 작동하면 공명resonance이 발생한다.

감성지능 역량 중 핵심 요소인 자기인식self-awarness은 자신의 감정을 읽는 능력이다. 사람들은 자기인식을 통해 자신의 강점과 한계를 알고 자신의 가치에 대한 자신감을 얻는다. 공명을 일으키는 리더는 자기인식을 통해 자신의 기분을 정확하게 측정하며, 자신이 다른 사람에게 어떤 영향을 미치는지 직관적으로 파악한다.

자기관리self-management는 자신의 감정을 통제하면서, 신뢰할 수 있고 적응 가능한 방식으로 정직하고 성실하게 행동하는 능력이다. 공명을 불러일으키는 리더는 기분이 나쁘더라도 그 기분을 하루 종일 유지하지 않는다. 자기관리를 통해 사무실 밖에서 기분을 풀거나 사람들에게 합리적인 방식으로 그 원인을 설명하기 때문에 왜 기분이 나빴는지, 얼마나 오래 지속되는지 알고 있다.

사회적 인식social awareness에는 공감과 조직적 직관이라는 핵심 역량이 포함된다. 사회적 인식이 뛰어난 경영진은 다른 사람들의 감정을 감지하는 것을 넘어 자신이 거기에 관심이 있다는 사실을 표현한다. 이들은 직장 내 정치 흐름을 읽는 전문가이기도 하다. 따라서 공명을 불러일으키는 리더는 자신의 말과 행동이 다른 사람들에게 어떤 영향을 미치는지 예리하게 파악하며, 그 영향이 부정적일 때 이를 바꿀 수 있을 만큼 민감하다.

마지막 역량인 관계 관리relationship management에는 명확하고 설득력 있게 소통하고, 갈등을 해소하며, 개인적 유대를 강화하는 능력이 포함된다. 공명을 불러일으키는 리더는 이런 능력을 사용하여 열정을 퍼뜨리고, 주로 유머를 사용하며 친절하게 의견 차이를 해결한다.

공명을 불러일으키는 리더십은 효과적이지만 그만큼 찾아보기 힘들다. 대부분의 사람은 희망적이고 현실적인 리더가 상황을 수습하기 전까지 불협화음을 일으키는 리더의 살벌한 분위기와 짜증스러운 행동으로 인해 고통을 받는다.

영국의 거대 미디어 기업 BBC의 한 부서에서 일어난 일을 살펴보자. 집단에서 200여 명의 기자와 편집자들이 최선을 다했는데도 경영진은 결국 이 부서를 폐쇄하기로 결정했다.

부서의 구성원들에게 소식을 전하기 위해 파견된 경영진의 태도는 딱딱하고 고압적이었다. 이는 직원들로 하여금 상상 이상의 좌절감과 분노를 느끼게 했고, 결국 그 경영진은 회의실에서 빠져나가기 위해 보안 요원을 불러야 했다.

다음 날 다른 임원이 같은 부서를 찾아왔다. 그의 분위기와 행동은 침착하고 정중했다. 그는 한 사회의 활력에 있어 저널리즘이 미치는 중요

좋은 기분이 탁월한 성과를 만든다

성과 애초에 그들을 이 분야로 이끌었던 소명에 대해 이야기했다. 큰돈을 벌기 위해 저널리즘 업계에 뛰어드는 사람은 아무도 없다는 사실을 상기시키고, 저널리즘의 재정에는 항상 한계가 있으며 고용 안정성은 거대한 경제의 흐름에 따라 오르락내리락한다는 점을 강조했다. 그는 자기 역시 일하면서 해고를 당했던 시기를 회상하며, 새로운 직장을 찾기 위해 고군분투하던 와중에 어떻게 기자라는 직업에 계속 헌신했는지도 털어놓았다. 그는 후배들이 그들의 커리어를 잘 이어나가길 바란다는 말로 끝을 맺었다.

전날 분노했던 이들의 반응은 어땠을까? 공명을 불러일으키는 리더의 연설이 끝나자 그들은 오히려 격려를 받은 듯한 반응을 보였다.

나의 감성지능을 점검하는 법

앞으로 소개할 자기발견 방식은 크게 새롭지는 않다. 그러나 요즘 흔히 볼 수 있는 자기계발 프로그램처럼 대중심리학에서 비롯된 방법도 아니다. 이 방식은 리더십과 밀접하게 연관된 감성지능에 대한 연구에 기반을 두고 있다. 1989년에 리처드 보이애치스가 연구 결과를 바탕으로 5단계 과정을 설계했고, 그 이후로 이 과정이 널리 퍼졌다.

이 과정은 뇌과학에 기반을 두고 있다. 사람의 감정 기술, 즉 삶과 일에 접근하는 태도 및 능력은 눈동자 색깔이나 피부색처럼 유전적으로 고정되어 있지는 않다. 하지만 신경학적으로 깊숙

이 내재되어 있기 때문에 어떤 면에서는 그렇다고도 볼 수 있다.

실제로 사람의 감정 기술에는 유전적 요소가 있다. 한 가지 예로, 우리에게 수줍음을 관장하는 유전자가 있다는 사실이 밝혀졌는데, 수줍음은 그 자체로는 기분이 아니다. 하지만 수줍음이 많으면 태도가 과묵해질 수 있고, 이는 다른 사람들에게 '우울한' 기분으로 보일 수 있다. 어떤 사람은 선천적으로 거침없는 유쾌함을 타고난 듯하다. 한 참여자는 이렇게 말했다. "제가 아는 건 어렸을 때부터 제가 항상 행복했다는 것뿐이에요. 어떤 사람은 이런 저의 모습에 짜증을 내기도 하지만, 전 아무리 노력해도 우울해지지 않더라고요. 제 동생도 마찬가지여서 그 애는 이혼할 때도 인생의 밝은 면을 이야기할 정도였어요."

정서적 능력은 부분적으로는 타고나지만, 유전자가 발현되는 방식에는 경험이 중요한 역할을 한다. 긍정적인 성향으로 태어났더라도 성장 과정에서 부모가 죽거나 신체적 학대를 겪은 후에는 우울한 성인으로 성장할 수 있다. 어릴 때는 괴팍했더라도 만족스러운 직업을 찾은 후에는 쾌활한 성인이 될 수 있다. 하지만 연구에 따르면 인간의 감정 능력은 대체로 20대 중반에 결정되며, 그 무렵에는 이에 따른 행동이 뿌리 깊은 습관으로 자리 잡는다. 그리고 여기에 문제의 핵심이 있다. 우리가 특정한 방식, 가령 행복하거나 우울하거나 까칠한 방식으로 행동할수록 그 행동이 뇌 회로에 더 깊이 뿌리내리고, 그 결과 계속해서 같은 방식으로 느끼고 행동하게 된다.

그래서 감성지능이 중요하다. 감성지능이 뛰어난 사람은 자기인식을 통해 자신의 기분을 모니터링하고, 자기관리를 통해 기분을 더 좋게 바꾸고, 공감을 통해 타인에게 미치는 영향을 이해하고, 관계 관리를 통해 타인의 기분이 좋아지도록 행동한다.

다음의 5단계 과정은 감성적으로 지능적인 행동을 하도록 뇌를 재구성하기 위해 고안됐다. 이 과정은 이상적인 자아를 상상하는 단계로 시작하여 다른 사람들이 경험하는 자신의 실제 자아를 받아들이는 단계로 이어진다. 그리고 이상과 현실 사이의 간극을 좁히기 위한 계획을 세운 후 실천하는 것이다. 이 단계는 변화의 과정을 지속할 수 있도록 동료와 가족들(이들을 변화 실행자change enforcer라고 한다)로 구성된 커뮤니티를 만드는 것으로 마무리된다. 각 단계를 좀 더 자세히 살펴보자.

나는 어떤 사람이 되고 싶은가?

북유럽 통신 회사의 수석 관리자인 소피아는 자신의 감성적 리더십이 다른 사람에게 영향을 미친다는 사실을 알고 있었다. 소피아는 스트레스를 받으면 자신의 의견을 잘 전달하지 못했고, 부하직원의 업무를 떠맡아 일을 처음부터 다시 제대로 처리하는 경향이 있었다. 리더십 세미나에 참석해도 그 습관은 바뀌지 않았고, 경영 서적을 읽거나 멘토와 함께 작업해도 마찬가지였다.

이럴 때는 가장 먼저 자신이 어떤 사람이 되고 싶은지 알아야 한다. 소피아에게 8년 후 유능한 상사가 된 자신의 모습을 상상하면서 하루의 일과를 묘사해보라고 했다. "무엇을 하고 있나요? 어디에 살고 있죠? 누구와 함께 있나요? 기분은 어떤가요?" 가장 중요하게 생각하는 가치와 큰 꿈을 떠올리고, 그 이상이 일상적으로 어떤 모습일지 떠올려보라고 했다.

소피아는 10명 정도의 동료와 끈끈한 팀워크를 자랑하는 자기 회사를 이끄는 모습을 상상했다. 딸과의 관계는 허심탄회했고, 친구나 동료들과도 신뢰 관계를 유지했다. 소피아는 편안하고 행복한 리더이자 부모이며, 주변 사람들에게 사랑과 힘을 주는 미래를 상상했다.

소피아의 경우 전반적으로 자기인식 수준이 낮아서 직장과 가정에서 자신이 왜 어려움을 겪고 있는지 정확히 파악하지 못했다. 소피아가 하는 말이라고는 "제대로 되는 게 하나도 없어" 뿐이었다. 모든 일이 제대로 돌아간다면 삶이 어떤 모습일지 상상해보도록 하는 연습을 통해 소피아는 자신에게 부족한 부분을 찾아냈다. 그리고 자신이 주변 사람들에게 어떤 영향을 미치고 있는지 깨달았다.

나는 지금 어떤 사람인가?

자신의 이상적인 미래상을 발견했다면 다음으로는 현재 자신의 리더십 스타일을 확인해야 한다. 상사나 동료로부터 자신의 진짜 모습에 대한 솔직한 평가를 듣기는 쉽지 않으며, 또한 타인의 솔직한 견해가 우리를 괴롭게 만들기도 한다. 때로는 자신에 대한 적당한 무지가 도움이 되기도 한다. 이런 자기방어 기제에는 나름의 장점이 있다. 마틴 셀리그먼의 연구에 따르면 높은 성과를 보이는 사람은 평균적인 성과를 내는 사람보다 자신의 전망과 가능성에 대해 더 낙관적으로 생각하는 것으로 나타났다. 실제로 이들의 낙관적인 시각은 예상치 못한 일과 비범한 일을 성취할 수 있는 열정과 에너지를 불러일으킨다. 노르웨이의 극작가 헨리크 입센Henrik Ibsen은 이런 자기 망상을 '불가피한 거짓말'이라고 불렀는데, 이는 험난한 세상에 맞서기 위해 스스로 믿게 만드는 다정한 거짓말이기도 하다.

하지만 자기망상이 지나쳐서는 안 된다. 이상적인 자신의 모습을 실현하기 위해서는 현재 자신의 진정한 모습을 알아야 하고, 실제로 지금 자신의 모습에 대한 이야기를 듣다 보면 자기망상이 어느 정도 희석된다. 다만 자신의 현재 모습을 명확히 인지하려면 비판에 매우 개방적인 태도를 유지해야 한다. 또 주위로부터 부정적인 피드백을 구하며, 나아가 악마의 대변인(의도적으로 반대 입장을 취하며 선의의 비판자 역할을 하는 사람-옮긴이) 역할을 할 동료가 필요하다.

상사와 동료, 부하직원 등 가능한 한 많은 사람에게 피드백을 수집하는 방법도 적극 추천한다. 유타주립대학교의 글렌 맥어보이Glenn McEvoy와 럿거스대학교의 리처드 비티Richard Beatty의 연구에 따르면 부하직원과 동료의 피드백은 리더의 2년, 4년, 심지어 7년 후의 효과를 정확하게 예측할 수 있기에 특히 유용하다.

물론 360도 피드백에서는 기분과 행동 및 그 영향을 구체적으로 평가하도록 요구하지는 않는다. 하지만 사람들이 당신을 어떻게 판단하는지는 알 수 있다. 예를 들어, 당신이 상대의 말을 얼마나 잘 듣는지 평가하는 항목은 사실 평가자들이 보기에 당신이 상대의 말을 얼마나 잘 듣는다고 생각하는지를 평가한다. 마찬가지로 360도 피드백을 통해 당신이 동료나 부하직원에게 하는 코칭의 효과에 대한 평가를 취합하면 당신이 대화 상대를 이해하고 관심을 보이는지를 상대방이 느끼는지 여부가 드러난다. 예를 들어, 피드백 중 새로운 아이디어에 대한 개방성 항목에서 낮은 점수가 나왔다면 사람들이 당신을 접근하기 어렵거나 다가갈 수 없는 사람 또는 둘 모두라고 생각한다는 뜻이다. 다시 말해, 감정적 영향력에 대한 정보는 모두 360도 피드백에서 찾을 수 있다.

마지막으로 한 가지 더 짚고 넘어가겠다. 물론 자신의 취약한 부분을 파악하는 것은 매우 중요하다. 하지만 약점에만 집중하면 의기소침해질 수 있다. 그러므로 강점을 이해하는 것 역시 그에 못지않게, 어쩌면 그보다 더 중요하다. 자신의 실제 모습과 이상적인 모습이 어느 지점에서 겹치는지 알면 그 차이를 좁히는 다음 단계로 나아가는 데 필요한 긍정적인 에너지를 얻을 수 있다.

어떻게 하면 다음 단계로 나아갈 수 있을까?

자신이 어떤 사람이 되고 싶은지 알고 다른 사람들이 자신을 바라보는 시각과 비교한 다음에는 실행 계획을 세워야 한다. 소피아의 경우에는 자기인식 수준을 실질적으로 개선하는 계획이 필요했다. 그래서 소피아는 각 팀원에게 매주 자신의 기분과 성과, 그리고 사람들에게 미치는 영향에 대해 익명으로 서면 피드백을 보내달라고 요청했다. 또한 매일 1시간씩 일기를 쓰며 자신의 행동을 되돌아보고, 지역 대학에서 집단 역학에 관한 수업을 들으면서 신뢰할 수 있는 동료를 비공식 코치로 삼아 도움을 요청하는 등 힘들지만 노력하면 달성할 수 있을 법한 3가지 과제를 스스로 부여했다.

대형 에너지 회사의 라틴아메리카 사업부 마케팅 임원이었던 후안이 이 단계를 어떻게 완료했는지 한번 살펴보자. 후안은 고국인 베네수엘라뿐 아니라 라틴아메리카 전체에서 회사를 성장시켜야 하는 임무를 맡았는데, 이를 위해서는 코치이자 선구자로서 고무적이고 낙관적인 시각이 필요했다. 하지만 360도 피드백에 따르면 후안은 위협적이고 내면에 집중하는 사람으로 여겨졌다. 그의 직속 부하직원 중 다수는 그를 까다로운 사람이라고 평가했으며, 기분이 최악일 때는 만족시키기 불가능하고, 가장 좋은 상황에서도 감정적으로 피곤하게 만든다고 느꼈다.

이런 간극을 확인하자 후안은 개선을 위해 단계별 계획을 세웠다. 먼저 코칭 스타일을 개발하려면 공감 능력을 키워야 했다. 따라서 후안은 공감 능력을 기를 수 있는 다양한 활동에 전념했다. 부하직원 하나하나를 더 잘 알아보기로 한 것도 그중 하나였다. 부하직원들이 어떤 사람인지 이해하면 목표를 달성하는 데 더 큰 도움이 되리라 여겼기 때문이다. 그는 업무가 끝난 뒤 직원들을 따로 만나 그들이 감정을 더 편안하게 드러낼 수 있는 자리를 마련했다.

또한 후안은 딸의 축구팀 코치를 맡고 지역 위기 센터에서 자원봉사자로 일하는 등 업무 외적인 영역에서도 자신의 부족한 부분을 채울 방법을 찾았다. 이 활동은 그가 다른 사람을 얼마나 잘 이해하는지 실험하고 새로운 행동을 시도하는 데 도움이 됐다.

뇌과학적으로 접근해보자. 후안은 오랜 시간 동안 저도 모르게 몸에 배어 있던 습관, 즉 기존의 일처리 방식을 극복하기 위해 노력했다. 자신이 어떻게 일하고 있었는지 자각하는 것이 변화로 나아가는 결정적인 단계다. 그리고 후안이 더 많은 관심을 기울여 동료의 이야기를 듣거나, 축구 코치를 하거나, 산만한 사람과 전화 통화를 하며 발생하는 상황 등 모든 활동이 과거의 오래된 습관을 깨고 새로운 방식으로 대응하도록 자극하는 단서가 됐다.

이런 습관 변화의 단서는 지각뿐 아니라 신경에도 영향을 미친다. 피츠버그대학교와 카네기멜론대학교의 연구진은 우리가 정신적으로 어떤 일을 하려 할 때 뇌의 일부인 전전두엽 피질이 활성화된다는 사실을 밝혀냈다. 이런 사전 활성화가 활발할수록 과제를 더 잘 수행했다.

오래된 습관을 더 나은 습관으로 바꾸려고 할 때 이런 정신적 준비가 특히 중요하다. 피츠버그대학교의 신경과학자 카메론 카터Cameron Carter는 사람이 습관적인 반응을 극복하려 할 때 특히 전전두엽 피질이 활성화된다는 사실을 발견했다. 전전두엽 피질의 각성은 곧 일어날 일에 뇌가 집중하고 있음을 드러낸다. 이런 각성이 없으면 사람은 이미 겪어봤으면서도 바람직하지 않은 일상을 재연하게 된다. 부하직원의 말을 도중에 잘라버리거나 비판적으로 공격하는 식이다. 그래서 학습 의제agenda를 설정하는 일이 중요하다. 학습 의제가 없으면 말 그대로 변화할 수 있는 지적 능력이 없는 셈이다.

어떻게 하면 변화를 지속할 수 있을까?

변화를 지속하려면 연습이 필요하다. 그 이유 역시 우리의 뇌에 있다. 오래된 습관을 깨뜨리기 위해서는 반복해서 실행하고

위기 상황에서 리더의 공명

리더의 기분은 공명과 깊이 연관되어 있기에 매우 중요하다. 연구 결과에 따르면 리더는 일반적으로 낙관적인 태도를 취해야 하지만, 리더의 행동은 현실주의에 뿌리를 두고 있어야 한다. 특히 위기에 직면했을 때는 더욱 그렇다.

메릴린치의 수석 부사장이자 고객 관계 그룹 책임자인 밥 멀홀랜드Bob Mulholland가 뉴욕에서 발생한 테러에 대응한 사례를 생각해보자. 2001년 9월 11일, 투월드파이낸셜센터(뉴욕 맨해튼에 있는 건물로 현재의 명칭은 225 리버티 스트리트다—옮긴이)에 있던 멀홀랜드와 직원들은 건물이 흔들리는 것을 느꼈고, 바로 맞은편 건물의 뚫린 구멍에서 연기가 뿜어져 나오는 광경을 목격했다. 사람들은 당황했다. 어떤 사람들은 창문에서 창문으로 정신없이 뛰어다녔다. 다른 사람들은 두려움에 굳어버렸다. 세계무역센터에 근무하는 친척이 있는 사람들은 친척의 안위를 걱정하며 겁에 질렸다. 멀홀랜드는 자신이 나서서 행동해야 한다는 사실을 깨달았다. "위기가 닥쳤을 때 사람들에게 단계별로 위기에 대처하는 방법을 알려주고, 당신이 그들의 우려를 해결하고 있다는 확신을 주어야 합니다."

그는 사람들에게 '이완unfreeze'에 필요한 정보를 제공하는 것부터 시작했다. 예를 들어, 직원들의 친척이 어느 층에서 일하고 있는지 알아낸 다음 탈출할 시간이 충분하다고 말하며 그들을 안심시켰다. 그런 다음 공황 상태에 빠진 사람들을 한 명씩 진정시켰다. 그는 차분하게 말했다. "우리는 지금 여기서 나갈 거예요. 저와 함께 가요. 엘리베이터가 아니라 계단으로요." 그는 침착하고 단호한 태도를 유지하면서도 사람들의 감정적 반응을 과소평가하지 않았다. 덕분에 타워가 무너지기 전에 전부 탈출할 수 있었다.

멀홀랜드의 리더십은 거기서 끝나지 않았다. 멀홀랜드와 그의 팀은 이 사건이 고객들에게 개인적으로 큰 영향을 미칠 것이라는 점을 인식했다. 그리고 재무 컨설턴트가 고객과 정서적 차원에서 소통할 방법을 떠올렸다. 그들은 고객 한 명 한 명에게 전화를 걸었다. "잘 지내시죠? 가족은 괜찮으신가요? 기분은 어떠신가요?" 멀홀랜드는 이런 조치에 대해 다음과 같이 말했다. "평소처럼 전화를 받고 업무를 처리할 방법이 없었어요. '사업'에서 가장 중요한 건 우리가 고객을 진심으로 걱정하고 있다는 사실을 알리는 일이었죠."

밥 멀홀랜드는 리더십의 가장 중요한 감정적 과제 중 하나를 용기 있게 수행했다. 혼란과 광기 속에서 자기 자신과 직원들이 의미를 찾도록 이끌었다. 이를 위해 그는 먼저 모두가 공유하고 있는 감정적 현실에 동조하고 이를 표현했다. 결국 그가 제시한 방향은 본능적으로 공명을 불러일으켰다. 그의 말과 행동은 사람들이 느끼는 감정을 반영했다.

또 실행해야 한다. 새로운 행동이 무의식적으로 나올 때까지, 즉 암묵적 학습 수준에서 숙달될 때까지 연습해야 한다. 그래야만 신경적으로 새로운 연결이 오래된 연결을 대체할 수 있다.

앞서 살펴본 후안의 예처럼 새로운 행동을 연습하는 것이 가장 좋지만, 가끔은 상상하는 것만으로도 충분하다. 동료와 부하직원들에게 냉정하고 강압적으로 행동하는 자신의 실제 모습과 비전을 지닌 코치로서의 이상적인 모습 사이의 간극을 좁히고 싶었던 임원 톰을 예로 살펴보자.

톰은 부하직원이 잘못했다고 생각했을 때 바로 나무라지 않고 한발 물러서서 코칭할 방법을 먼저 찾아볼 계획을 세웠다. 출퇴근 중 자투리 시간을 활용해 그날 마주칠 사람들을 어떻게 대할지도 고민했다. 어느 날 아침, 담당 프로젝트에 문제가 생긴 직원과 조찬 모임을 하러 가는 길에 톰은 마음속으로 긍정적인 시나리오를 실행해보았다. 문제를 해결하기 전에 직원이 상황을 완전히 이해했는지 질문하고 경청했다. 그 과정에서 자신이 조급함을 느끼리라 예상하고 이런 감정을 어떻게 다룰지도 상상해보았다.

뇌에 관한 연구 결과를 보면 톰이 실행한 시각화 기법의 장점을 알 수 있다. 무언가를 생생하고 자세하게 상상하면 실제로 그 활동을 수행하는 데 필요한 뇌세포를 활성화할 수 있다. 새로운 뇌 회로는 단순히 상상을 반복하기만 해도 연결이 강화된다. 따라서 과감한 리더십을 시도하는 데 뒤따르는 두려움을 완화하고 싶다면 먼저 일어날 법한 상황을 가정해 시나리오를 시각화해야 한다. 그러면 새로운 기술을 실제로 실행할 때 어색함을 덜 느낄 수 있다.

새로운 행동을 시도하고 직장 안팎에서 연습해보며 정신적으로 리허설을 반복하면 결국 뇌에서 변화에 필요한 신경이 연결된다. 하지만 지속적인 변화는 실험과 지적 능력만으로는 일어나지 않는다. 조 코커의 노래 제목처럼 친구들의 작은 도움a little help from our friends이 필요하다.

누가 나를 도와줄 수 있을까?

자기를 발견하고 재창조하는 과정의 다섯 번째 단계는 자신을 지지해줄 수 있는 사람들과 함께 커뮤니티를 구축하는 것이다. 임원 개발 과정 중에 학습 그룹을 구성한 유니레버의 관리자들을 예로 들어보자. 처음에 이들은 커리어와 리더십에 대해 논의하기 위해 모였다. 하지만 저마다 자신의 꿈과 목표에 대해 고민이 많았기 때문에 이내 업무와 개인적인 삶의 이야기까지 나누게 됐다. 그들은 서로 강한 신뢰를 쌓게 됐고, 리더십 역량을 강화하기 위해 노력하면서 서로에게 솔직한 피드백을 구하기 시작했다. 이런 일이 생기면 사업에서도 더 나은 성과가 나는 등 혜택을 얻게 된다. 오늘날 이와 유사한 그룹이 많이 만들어지고 있는데, 충분히 그럴 만하다. 신뢰할 수 있는 사람들과 함께 각자의 리더십 영역에서 익숙지 않은 문제를 위험 부담 없이 시도해볼 수 있기 때문이다.

다른 사람의 도움 없이는 감성지능을 향상하거나 리더십 방식을 바꾸기 어렵다. 함께 연습한다는 점 외에도 실험을 위한 환경을 조성하기 위해 동료가 필수적이다. 자신의 행동이 다른 사람들에게 어떤 영향을 미치는지 피드백을 받고, 목표와 관련된 진행 상황을 평가해야 한다.

역설적이지만 이상적인 자아를 표현하고 다듬어 현실과 비교하는 단계부터 발전 과정을 확인하는 최종 평가에 이르기까지 자기 주도 학습 과정의 모든 단계에서 다른 사람의 도움이 필요하다. 인간관계를 통해 우리가 얼마만큼 발전했는지 파악하고 학습할 수 있기 때문이다.

행동과 기분으로 공명을 일으켜라

자신과 부하직원들의 기분을 관리하는 것이 리더십의 근본이지만, 그렇다고 기분이 전부라는 뜻은 아니다. 앞서 언급했듯이 행동 역시 무척 중요하며, 기분과 행동이 어우러져 조직과 현실에 공명을 불러일으켜야 한다. 전략부터 채용, 신제품 개발에 이르기까지 그 밖의 다른 여러 중요한 과제도 많다. 수많은 일이 하루 일과를 빽빽이 채우고 있다.

하지만 신경학, 심리학, 그리고 조직학 연구 내용을 종합해보면 그 메시지는 놀라울 정도로 명확하다. 감성적 리더십은 성과를 끌어올리고 성공의 모닥불을 타오르게 하거나 혹은 아예 잿더미로 만들 수도 있는 불꽃이다. 기분은 그만큼 중요하다.

대니얼 골먼은 럿거스대학교의 조직 내 감성지능 연구 컨소시엄의 공동 책임자로, 세계적인 심리학자이자 경영계 및 학계 등 전문가를 대상으로 하는 강연하는 컨설턴트다. 대표작으로는 애니 맥키와의 공저인 《감성의 리더십Primal Leadership》(청림출판, 2003), 《공감 리더십Resonant Leadership》(에코리브르, 2007)이 있으며, 단독 저서로 《명상하는 뇌Altered Traits》(김영사, 2020) 등이 있다.

리처드 보이애치스는 케이스웨스턴리저브대학의 조직행동·심리학·인지과학 석좌교수이자 바르셀로나의 에사데대학교 경영대학원의 객원교수다. 코칭 연구소의 공동 설립자이자 《사람들의 변화를 돕다Helping People Change》(2019)의 공동 저자이기도 하다.

애니 맥키는 펜실베이니아대학교 교육대학원의 선임 연구원이자 펜실베이니아 CLO 경영학 박사 프로그램의 책임자다. 《직장에서 행복해지는 법How to Be Happy at Work》(2017)의 저자이며, 대니얼 골먼과 《감성의 리더십》, 《공감 리더십》을 공저했다.

감성 리더십으로 성과를 높이는 법

조직의 최종 성과에 가장 큰 영향을 미치는 요인은 기분이다. 이 사실이 당혹스럽거나 놀라울 수도 있겠지만 실은 당연한 일이다.

자기인식, 공감, 타인과의 관계 등 감성지능은 성과와 깊은 관련이 있다. 감정은 '기분 전염'이라는 신경학적 과정을 통해 다른 모든 사람의 기분과 행동에 영향을 미친다. 리더의 경우는 더하다.

감성지능은 전화선을 통해 전기가 흐르듯 조직 속으로 퍼져 나간다. 괴팍하고 인정사정없는 상사는 부정적이고 성과도 저조한 사람들로 가득 찬 무능한 조직을 만든다. 하지만 낙관적이고 영감을 주는 리더라면 가장 힘든 과제도 수용하고 극복하는 긍정적인 직원을 양성할 수 있다.

감성적 리더십은 단순히 매일 당당한 표정을 짓는 것이 아니다. 다른 사람에게 미치는 자신의 영향을 이해하고 그에 따라 자신의 스타일을 조정하는 것이다. 자기 발견은 쉽지 않은 과정이지만, 리더로서 책임을 다하기 전에 반드시 이 과정을 거쳐야 한다.

감성 리더십 강화하기

개인의 감정적 영향력에 대해 솔직하게 평가해줄 사람은 거의 없다. 따라서 스스로 자신의 감정적 영향력을 파악해야 한다. 이때 다음의 절차가 도움이 된다. 이 절차는 뇌과학 연구와 기업 임원을 대상으로 한 수년간의 현장 연구를 기반으로 한다. 감성 지능을 높이기 위해 다음 단계를 활용하여 뇌를 재조정하자.

1. 어떤 사람이 되고 싶은가? 자신이 매우 유능한 사람이라고 상상해 보라. 어떤 모습이 보이는가?

예시: 선임 관리자인 소피아는 업무를 "제대로" 수행하도록 다른 사람들을 세세하게 관리하는 경우가 많았다. 그래서 소피아는 미래에 자신의 회사에서 동료들과 신뢰 관계를 즐기며 유능한 리더가 된 자신의 모습을 상상하고, 자신이 편안하고 행복하며 힘을 북돋우는 사람이라고 느꼈다. 이 연습을 통해 현재 자신의 정서 유형에서 부족한 면을 알게 됐다.

2. 지금 당신은 어떤 사람인가? 자신의 리더십을 확인하려면 특히 동료와 부하직원으로부터 360도 평가를 수집하라. 자신의 약점과 강점을 파악하자.

3. 현재의 모습에서 어떤 모습으로 나아갈 것인가? 현재 자신의 모습과 원하는 모습 사이의 간극을 좁히기 위한 계획을 세우자.

예시: 마케팅 임원이었던 후안은 위협적이고 까다로우며 불평불만이 많은 사람이었다. 회사를 성장시켜야 하는 책임을 맡은 그는 힘을 북돋아주고 낙천적인, 즉 비전이 있는 코치가 되어야 했다. 그는 다른 사람들을 이해하기 위해 축구 코치를 하고, 위기 센터에서 자원봉사를 하고, 업무 외적인 만남을 통해 부하직원들을 더 잘 알게 됐다. 이처럼 새로운 상황에 자극을 받으며 오래된 습관을 깨고 새로운 대응을 시도했다.

4. 변화를 지속하려면 어떻게 해야 하는가? 새로운 행동을 저절로 하게 될 때까지 신체적·정신적으로 반복해서 연습해야 한다.

예시: 경영진인 톰은 어려움을 겪는 사람을 채찍질하는 대신 제대

로 이끄는 방법을 배우고 싶었다. 그는 출퇴근 시간을 이용해 한 직원과 까다로운 회의를 하며 자신이 질문하고 경청하는 모습을 상상하고, 조급한 감정을 다루는 방식을 정신적으로 연습했다. 이 연습을 통해 그는 실제 회의에서 새로운 행동을 취할 수 있도록 준비했다.

5. **누가 당신을 도와줄 수 있는가?** 혼자서 감정 기술을 키우려고 하지 말고 이 어려운 과정을 헤쳐나가는 데 도움을 줄 사람들을 찾아보자. 유니레버의 관리자들은 학습 그룹을 구성하여 솔직한 피드백을 주고받고 상호 신뢰를 쌓아 리더십 능력을 강화하는 데 도움을 받았다.

몰입을 부르는
마음챙김의 힘

엘렌 랭어, 앨리슨 비어드

지난 반 세기 동안 마음챙김에 대한 엘렌 랭어의 연구는 행동경제학에서 긍정심리학에 이르기까지 다양한 분야의 사고에 큰 영향을 미쳤다. 이 연구에 따르면 '자동' 모드로 살아가는 대신 주변에서 일어나는 일에 주의를 기울이면 스트레스를 줄이고 창의력을 발휘하며 성과를 높일 수 있다고 한다. 예를 들어, 랭어의 시계 거꾸로 돌리기counterclockwise 실험은 노인들이 20년 전처럼 행동하기만 해도 건강을 개선할 수 있다는 사실을 보여주었다. 〈하버드 비즈니스 리뷰〉의 수석 편집자 앨리슨 비어드와의 인터뷰에서 랭어는 혼란이 가중되는 시대의 리더십과 경영에 자신의 생각을 적용하는 법을 설명했다.

비어드 기본부터 시작할게요. 마음챙김이란 정확히 무엇인가요? 어떻게 정의할 수 있을까요?

랭어   마음챙김mindfulness은 새로운 것을 적극적으로 알아차리는 과정이에요. 마음챙김을 하면 현재에 집중하게 되죠. 현재의 맥락과 관점에 더 민감해지고요. 몰입의 정수라고나 할까요. 그리고 마음챙김을 하면 에너지가 소모되지 않고 오히려 더 생겨납니다. 사람들은 대부분 마음챙김을 하면 생각을 많이 해야돼서 스트레스를 받고 지친다고 착각해요. 하지만 우리가 스트레스를 받는 이유는 무심코 떠올리는 부정적인 평가, 그리고 문제가 생겼을 때 이를 해결할 수 없을지도 모른다는 걱정 때문입니다.

누구나 안정을 추구합니다. 상황이 그대로 유지되기를 바라고, 그러면 상황을 통제할 수 있다고 생각해요. 하지만 세상은 항상 변하기 때문에 이런 바람은 이뤄지지 않아요. 오히려 통제력을 잃게 될 뿐이죠.

우리가 일하는 과정을 예로 들어보겠습니다. 사람들은 "이 일은 반드시 이런 방식으로 해야 한다"라고 말하지만 이는 명백히 잘못된 생각입니다. 일을 진행하는 데는 항상 다양한 방법이 있고, 어떤 방법을 선택할지는 상황에 따라 달라지게 마련이니까요. 또 어제의 해결책으로 오늘의 문제를 해결할 수도 없습니다.

그러니까 누군가가 "이 방법을 익혀서 제2의 천성이 되게 하라"라고 말한다면 주의해야 합니다. 우리를 마음놓침mindlessness으로 이끄는 말이거든요. 규칙은 그 규칙을 만든 사람에게나 효과가 있어요. 그 사람과 다르면 다를수록 효과가 없지요. 마음챙김을 따르면 규칙과 일정, 목표에 휘둘리지 않게 됩니다. 그저 지침으로 삼을 뿐이죠.

마음챙김을 잘하면 구체적으로 어떤 이득을 얻을 수 있나요?

우선 성과가 좋아집니다. 교향악단의 음악가들을 대상으로 연구를 진행했는데, 알고 보니 연주자들이 몹시 지루해하고 있더라고요. 교향악단에서는 똑같은 곡을 계속 반복해서 연주해야 하는데, 사회적 지위가 괜찮은 직업이다 보니 쉽게 그만두지도 못하거든요. 그래서 단원들을 여러 그룹으로 나누어 연주를 시켜봤습니다. 어떤 그룹에는 그냥 예전에 좋았던 연주를 되풀이하라고, 그러니까 마음놓침 상태에서 연주하라고 했어요. 다른 그룹에는 연주를 각자 새롭게 시도해보라고, 즉 마음챙김 상태에서 연주하라고 했지요.

교향악단에서 연주하는 음악은 재즈처럼 즉흥적으로 달라지는 음악이 아니기 때문에 실제로 그 변화가 아주 크지는 않았습니다. 하지만 이 연구에 대해 전혀 모르는 사람들에게 이때 녹

음한 교향곡을 들려주었더니, 마음챙김 상태로 연주한 곡을 압도적으로 선호했어요. 모두 각자의 방식으로 연주했을 때의 곡이 훨씬 더 좋았다는 뜻이죠. 사람들이 각자 하고 싶은 대로 일하게 내버려두면 혼란이 생긴다는 견해가 있긴 합니다. 물론 사람들이 반항적인 의도에서 각자의 일을 할 때는 그럴 수도 있어요. 하지만 모두 같은 맥락에서 일하고 온전히 집중한다면 우수하고 조화로운 성과를 거두지 못할 이유가 없지요.

마음챙김에는 이 밖에도 여러 가지 장점이 있어요. 이를테면 주의를 기울이기 더 쉬워지죠. 자기가 한 일도 더 잘 기억하고요. 창의력도 더 높아집니다. 기회가 왔을 때 이를 잘 활용할 수도 있어요. 아직 발생하지 않은 위험을 피할 수도 있고요. 사람들을 더 좋아하게 되고, 사람들도 당신을 더 좋아하게 되죠. 남을 함부로 평가하지 않기 때문이에요. 카리스마도 생겨요.

일을 미루고 후회하는 습관도 사라지죠. 그 일을 왜 하는지 알면 그 일이 아니라 다른 일을 하지 않았다고 스스로를 탓할 필요가 없으니까요. 업무의 우선순위를 정할 때, 직장을 결정할 때, 어떤 제품을 만들거나 어떤 전략을 추진하기로 결정할 때 거기에 온전히 집중한다면 후회할 리가 없죠.

50년 가까이 연구해오면서 거의 모든 상황에서 마음챙김이 더 긍정적인 결과를 낳는다는 사실을 깨달았습니다. 마음챙김은 모든 행동에 영향을 미치는 상위 개념입니다. 샌드위치를 먹든 인터뷰를 하든 첨단 기기로 작업을 하든 보고서를 작성하든, 우리는 마음을 챙기거나 놓친 상태로 그 일을 하죠. 전자의 경우, 그 상태는 우리가 하는 일에 흔적을 남깁니다. 〈포춘〉 선정 50대 CEO, 놀라운 작품을 창조해낸 예술가나 음악가, 최고의 기량을 펼치는 운동선수, 훌륭한 교사, 기계공 등 어떤 분야에서건 정상에서는 마음챙김을 실천하는 사람들을 찾아볼 수 있습니다. 마음챙김이야말로 정상에 오를 수 있는 유일한 방법이거든요.

마음챙김과 혁신 사이의 관계를 어떻게 입증하셨나요?

대학원생 가브리엘 해먼드Gabriel Hammond와 함께 참여자들로 하여금 실패한 제품의 새로운 용도를 떠올리게 하는 연구를 진행한 적이 있습니다. 한 그룹에는 실패한 접착제로 유명한 3M의 사례를 들며 제품이 원래의 용도에 미치지 못했다는 사실을 알려주었죠. 마음놓침을 하도록 유도한 거예요. 다른 그룹에는 짧은 시간 동안만 접착되는 물질이라는 제품의 특성만 간단히 설명하여 마음챙김을 할 수 있게 했지요. 짐작했겠지만, 가장 창의적인 아이디어는 두 번째 그룹에서 나왔답니다.

저는 예술가이자 연구자, 작가이자 컨설턴트이기도 합니다. 각 활동은 다른 활동에 대한 힌트를 주기도 하는데, 예를 들어 그림을 그리다가 마음챙김과 실수에 대해 연구할 아이디어를 얻는 식이에요. 한번은 그림을 그리고 있는데 자홍색 물감을 쓰기로 한 자리에 제가 황토색을 쓰고 있더라고요. 그래서 얼른 그림을 고치기 시작했죠. 그런데 돌이켜보니 제가 고작 몇 초 전에야 자홍색을 쓰자고 결정했다는 사실을 깨달았어요. 사람들은 항상 이런 실수를 해요. 불확실한 상태에서 결정을 내리고, 실수하고 나서 뼈저리게 후회하죠. 하지만 우리가 따르기로 한 길은 단지 선택일 뿐이에요. 언제든지 바꿀 수 있고, 다른 선택이 더 좋은 결과로 이어질 수도 있어요. 마음챙김을 하면 실수는 그냥 친구가 돼요.

왜 마음챙김을 하면 카리스마가 생길까요?

여러 연구를 통해 알게 된 사실이지요. 초기에는 잡지를 파는 영업사원을 대상으로 연구했어요. 마음챙김을 따른 판매사원은 더 많은 잡지를 팔고, 고객들로부터 더 호감이 간다는 평가를 받았답니다. 최근에는 여성 임원들이 직면하는 딜레마를 살펴보기도 했어요. 여성 임원들은 강인하고 남성적인 방식으로 행동하면 비난을 받고, 여성적인 방식으로 행동하면 나약해서 리더 역할에 적합하지 않다는 말을 듣죠. 그래서 우리는 두 그룹의 여성에게 연설을 하게 했어요. 한 그룹에는 남성적으로 행동하라고 지시했고, 다른 그룹에는 여성적으로 행동하라고 했죠. 그런 다음

다시 각 그룹의 절반에는 마음챙김 상태로 연설하도록 지시했어요. 청중은 어떤 성 역할을 연기하든 마음챙김 상태로 임한 연설자를 선호했지요.

마음챙김을 하면 다른 사람을 함부로 판단하는 일도 줄어든다고 하셨는데요.

맞아요. 마음놓침 상태에 있으면 우리는 사람들에게 고정관념을 씌웁니다. 저 사람은 엄격해, 저 사람은 충동적이야 하는 식이에요. 하지만 이렇게 누군가를 틀에 가두면 그 사람과 즐거운 시간을 보내지도 못하고 더 나아가 그 사람의 재능을 활용할 기회도 얻을 수 없습니다. 하지만 마음챙김을 하면 사람들이 왜 그런 방식으로 행동하는지 이해할 수 있어요. 그 사람에게는 그렇게 행동할 만한 이유가 있었을 거고, 그렇지 않았다면 그런 행동을 하지 않았을 거라고요.

사람들에게 자신의 성격 특성, 즉 가장 바꾸고 싶은 점과 자신이 가장 소중히 여기는 점을 평가하게 하는 연구를 수행한 적이 있는데, 그 결과 큰 모순을 발견했어요. 사람들이 중요하게 생각하는 특성이 바꾸고 싶은 특성의 긍정적인 버전이었던 거예요. 내가 충동적인 행동을 멈출 수 없는 이유는 즉흥성을 중요하게 생각하기 때문이에요. 그러니까 행동을 바꾸고 싶다면 즉

흥성을 멀리해야 한다는 뜻이 돼죠. 하지만 내가 충동적인 사람이 아니라 자발적인 사람이라는 올바른 관점에서 바라보면 나를 바꾸고 싶지 않게 될 거예요.

직장에서 마음챙김이 가져오는 효과

관리자가 마음챙김을 더 잘하기 위해 할 수 있는 일은 무엇일까요?

한 가지 전략은 자기 생각이 완전히 투명하게 드러난다고 상상하는 거죠. 그렇다면 다른 사람에 대해 끔찍한 생각을 하지 않을 거예요. 상대의 관점을 이해할 방법을 찾을 테니까 말이에요.

누군가 보고서를 늦게 제출하거나, 상황이 원하는 대로 되지 않아 화가 날 때 "고통스러운 일인가, 불편한 일인가?"라고 스스로 물어보세요. 아마 후자일 겁니다. 우리를 화나게 하는 것들은 대부분 후자에 해당하지요.

저는 사람들에게 일과 삶의 균형이 아니라 일과 삶의 통합에 대해 생각하라고 말해요. '균형'이라는 단어에는 일과 삶이 서로 반대되는 개념이고 공통점이 없다는 의미가 담겨 있거든요. 하지만 일과 삶 모두 사람에 관한 거잖아요. 그리고 모두 스트레스가 따르죠. 지켜야 할 일정도 있고요. 일과 삶을 분리하면 한 영역에서 성공적으로 수행한 사례를 다른 영역으로 옮기는 방법을 배우지 못해요. 마음챙김을 하면 이런 분류는 그냥 사람이 만든 것일 뿐, 우리를 제한하지 않는다는 사실을 깨닫게 됩니다.

스트레스는 사건 때문에 생긴 게 아니라 사건을 바라보는 관점 때문에 생긴다는 점을 명심해야 해요. 어떤 일이 일어날 거고, 그 일이 실제로 일어나면 끔찍한 결과가 나올 거라고 상상해보세요. 하지만 이런 상상은 그저 환상일 뿐이에요. 우리는 앞으로 어떤 일이 일어날지 알 수 없잖아요. 이제 직장을 그만두지 말아야 할 5가지 이유를 대보세요. 그런 다음 직장을 그만두게 됐을 때 생기는 장점도 생각해보세요. 새로운 기회가 생길 수도 있고, 가족과 더 많은 시간을 보낼 수도 있죠. 전에는 반드시 안 좋은 일이 생길 거라고 생각했는데, 이런 과정을 통해 '그런 일이 생길 수도 있지만 그래도 괜찮다'라고 생각이 바뀌는 거예요.

이런저런 책임에 너무 버겁다는 생각이 들 때도 같은 접근 방식을 사용할 수 있어요. 나만이 할 수 있고, 그 일을 할 수 있는 방법은 하나뿐이며, 내가 하지 않으면 회사가 무너질 것이라는 믿음에 의문을 제기해보는 거죠. 마음챙김에 눈을 뜨면 스트레스는 그냥 사라져버려요.

마음챙김에 이르면 긍정적인 결과도, 부정적인 결과도 따로 없다는 사실을 깨달을 수 있어요. A와 B, C와 D라는 어떤 상황이 있을 뿐이며, 모든 상황에 어려움과 기회가 있답니다.

몇 가지 상황을 제시해주시면 각 상황에서 마음챙김으로 어떤 도움을 받을 수 있는지 설명해드릴게요.

그럼 예시를 하나 들어볼게요. 저는 팀장인데 제가 이끄는 팀에 의견 충돌이 있어요. 팀원들이 서로 다른 전략에 대해 격렬하게 논쟁하고 있는데, 제가 그중 어느 하나를 결정해야 하는 상황이라면 어떨까요.

한 옛날이야기에서 두 사람이 재판관을 찾아갑니다. 먼저 한 사람이 자기 주장을 이야기하자 재판관이 "당신 말이 맞아요"라고 말해요. 그리고 다른 한 사람이 자신의 입장을 말하자 재판관은 또 "당신 말이 맞아요"라고 대꾸합니다. 그러자 두 사람은 일제히 "우리 둘 다 옳을 수는 없지 않습니까?"라고 반박해요. 그러자 재판관은 또 "그 말도 맞습니다"라고 말합니다.

마음놓침 상태에서는 이쪽 또는 저쪽 중 하나를 선택하거나, 타협을 통해 분쟁을 해결하려 합니다. 하지만 거의 언제나 모두에게 유리한 해결책을 찾을 수 있어요. 사람들이 자기의 입장만 고수하게 내버려두지 말고 처음으로 돌아가서 마음을 열게 하는 거예요. 서로 반대편 입장에서 토론을 진행하게 하고 어느 쪽이든 일리가 있다는 사실을 깨닫게 하세요. 그런 다음 둘 모두가 옳다고 생각할 방법을 찾아보는 거죠.

ON HIGH PERFORMANCE

두 번째 사례를 들어볼까요? 저는 기업에서 맡은 일이 많은 임원인데요, 동시에 개인적인 문제로도 곤란한 상황이에요.

만약 우리 집에 문제가 있어서 이 인터뷰에 응할 수 없는 상황이라면 저는 "앨리슨, 이해해주셨으면 좋겠어요. 지금 중요한 문제가 있어서 그런데 인터뷰에 집중할 수가 없어요"라고 말할 거예요. 그러면 당신은 이렇게 말하겠죠. "아, 저도 지난주에 큰일이 있었어요. 괜찮아요. 이해합니다." 그런 다음 상황이 해결되면 다시 인터뷰를 진행할 거고, 그때는 완전히 새로운 관계가 형성되면서 앞으로 생길 좋은 일들의 토대를 마련하게 되는 거죠.

그럼 이런 경우에는 어떻게 해야 할까요? 제가 상사인데, 성과가 저조한 직원을 평가해야 한다면요.

그럴 때는 평가가 보편적인 관점이 아니라 나만의 관점이라는 점을 명확히 짚어줘야 해요. 그래야 대화를 시작할 수 있으니까요. 제가 가르치는 학생이나 제 부하직원이 1과 1을 더해서 1이 된다고 말했다고 해볼게요. 그러면 교사나 고용주는 그냥 "틀렸다"라고 할 수도 있고, 그 사람이 어떻게 1이라고 생각했는지 알아내려 노력할 수도 있어요. 그 사람이 "껌 한 뭉치에 껌 한 뭉치를 더한다면 1 더하기 1은 1이 됩니다"라고 말한다면 상사인 저는 무언가를 배운 셈이 되겠죠.

리더라면 마치 자신이 신이라도 되는 것처럼 으스대며 모든 사람이 두려움에 떨게 할 수도 있어요. 하지만 그러면 사람들이 리더에게 아무 이야기도 하지 않을 거니까 그 리더는 아무것도 배우지 못하고, 외롭고 불행해질 거예요. 정상에 오른다고 해서 꼭 외로워야 한다는 법은 없잖아요. 정상에서도 얼마든지 마음을 열 수 있어요.

어떻게 하면 직장에서 더 마음챙김을 잘할 수 있을까요?

기업과 컨설팅을 할 때 저는 사람들이 얼마나 마음놓침 상태에서 살아가는지, 그래서 무엇을 놓치고 있는지 보여줍니다. 만약 다음 조건이 충족되면 마음챙김을 하지 않아도 괜찮아요. 일을 처리하는 가장 좋은 방법을 찾았는데 아무것도 달라지지 않는 경우죠. 물론 이런 일은 일어나지 않아요. 일을 제대로 처리한다면 분명 무언가 달라지겠죠. 그러니까 일하러 갈 때는 그 자리에 집중하고 상황을 주의 깊게 살펴야 해요. 그다음에는 이렇게 설명하죠. 어떤 목표든 대안이 있게 마련이고, 지금 선택한 목표가 궁극적으로 원하는 것인지 확신할 수도 없다고요. 모든 것은 관점에 따라 달리 보이니까요.

저는 리더들에게 '몰라도 괜찮다(나도 모르고 너도 모르고 아무도 모른다)'는 분위기를 조성해야 한다고 말해요. 리더가 괜히 다 아는 척해서 다른 사람도 전부 다 아는 것처럼 행동하면 혼란과 불안을 빚을 뿐이에요. 무사고 정책을 없애야 해요. 무사고 정책이 있다면 결국 최대한 거짓말을 하는 수밖에 없거든요. 사람들이 "왜요? 그러면 다른 방법과 비교했을 때 어떤 장점이 있나요?"라고 질문하게 하세요. 그렇게 하면 다들 조금 더 긴장을 풀고 기회를 더 잘 포착하고 활용하게 될 거예요.

몇 년 전, 요양원에서 일했을 땐데요. 한 간호사가 저를 찾아와서 환자 중 한 사람이 식당에서 식사하고 싶지 않아 한다고 불평하더라고요. 그 환자는 방에 남아 땅콩버터를 먹고 싶어 한다는 거예요. 그래서 제가 물었죠. "그게 뭐가 문제죠?" 간호사는 "다들 그렇게 먹고 싶으면 어떡해요?"라고 대답하더군요. 저는 이렇게 말했어요. "모두 그렇게 하면 식비를 많이 절약할 수 있겠네요. 하지만 그보다 더 중요한 문제가 있어요. 식사를 준비하고 환자들에게 배식하는 과정을 한번 살펴보는 게 좋을 거예요. 어쩌다 한 사람이 그런 요구를 한다면 큰 문제가 아니지만, 항상 이런 일이 발생한다면 무엇이 문제인지 조사해봐야 할 테니까요."

체크리스트가 도움이 될까요? 제 생각에 당신은 체크리스트를 좋아하시지 않을 것 같은데요.

처음 체크리스트를 점검할 때는 괜찮아요. 하지만 그다음부터는 대다수 사람이 마음놓침 상태에서 체크리스트를 작성하게 돼죠. 예를 들어 비행할 때는 체크리스트에 따라 고양력 장치를 올리고 조절판을 열고 방빙 장치를 해제해야 해요. 하지만 눈이 오는데도 방빙 장치가 작동하지 않으면 비행기는 추락하겠죠.

수치화할 수 없는 정적 정보를 얻어야 할 경우에는 체크리스트가 제법 유용해요. 예를 들어, "기상 환경에 유의하십시오. 이런 상황에서는 방빙 장치를 작동시켜야 할까요, 작동하지 말아야 할까요?"라든가 "환자의 피부색이 어제와 어떻게 달라졌나요?" 같은 질문이 이에 속합니다. 사람들을 마음챙김으로 이끄는 질문을 던지면 현재에 집중해 사고를 피할 가능성이 높아지겠죠.

마음챙김이 담긴 정적 반응은 대인 관계에도 도움이 됩니다. 칭찬할 때는 "멋져 보여요"라는 말보다 "오늘 눈이 반짝반짝 빛나네요"라고 말하는 게 훨씬 효과적이에요. 이런 말을 하려면 상대에게 집중해야 하거든요. 사람들은 그 사실을 알아차리고 고마워할 거예요.

현재에 충실하라

마음챙김 연구가 처음 나온 이후로 사업 환경이 많이 변했어요. 더 복잡하고 불확실해졌습니다. 끊임없이 새로운 데이터와 분석이 쏟아져 나오고요. 이런 혼란을 헤쳐나가기 위해 마음챙김이 더욱 중요해졌지만, 혼란 때문에 마음챙김이 더 어려워지기도 합니다.

혼란이란 인식하기 나름이라고 생각해요. 사람들은 정보가 너무 많다고 말하지만, 저는 예전과 별로 다르지 않다고 생각하고요. 차이점이 있다면 요즘은 사람들이 정보가 많을수록 제품이 더 좋아지고 회사에서 더 많은 돈을 벌 수 있다고 생각한다는 거죠. 하지만 사람이 가진 정보의 양보다는 정보를 받아들이는 방식이 더 중요하거든요. 그리고 정보를 잘 받아들이려면 반드시 마음챙김을 실천해야겠죠.

기술로 인해 우리의 마음챙김 능력은 어떻게 달라졌나요? 도움이 됐나요, 아니면 방해가 됐나요?

다시 말하지만, 마음챙김은 모든 영역에 도움이 될 수 있어요. 멀티태스킹에 대해 연구한 결과, 마음을 열고 경계를 느슨하게 유지하면 멀티태스킹이 오히려 득이 될 수도 있다는 사실을 발견했지요. 한 가지 분야에서 얻은 정보가 다른 분야에 도움이 되기도 해요. 우리가 해야 할 일은 과학 기술에서 재미있고 매력적인 면을 찾아내 우리의 일에 적용하는 거라고 생각해요.

최근 〈하버드 비즈니스 리뷰〉에 집중의 중요성에 관한 기사가 실렸습니다. 그 글에서 저자 대니얼 골먼은 탐색과 활용이 둘 다 필요하다고 말했는데요. 마음챙김의 경우에는 끊임없이 새로움을 추구하는 능력과 전력을 다해 일을 마치는 능력 사이에서 어떻게 균형을 맞출 수 있을까요?

경계심 혹은 지나치게 집중된 주의력은 마음놓침에 더 가깝습니다. 말을 타고 숲속을 달릴 때 나뭇가지에 얼굴이 부딪치지 않도록 주의하다 보면 바닥에 있는 돌멩이를 보지 못해 말에서 떨어질 수 있죠. 하지만 골먼 교수가 말하는 집중은 그런 뜻이 아니라고 봐요. 지금 우리가 이야기하는 건 자신이 하는 일에 주의를 기울이되 다른 기회를 놓치지 않는 부드러운 개방성이죠.

경영 업계에서는 마음챙김에 더 많이 주목한다고 해요. 수십 년 동안 연구해온 아이디어가 주류가 됐다는 사실을 언제 깨달으셨죠?

어느 파티에 갔는데 두 사람이나 날 찾아와서 "어딜 가나 마음챙김 이야기뿐이에요"라고 말하더군요. 얼마 전에는 어떤 영화를 봤는데, 그 영화는 어떤 사람이 하버드 광장을 돌아다니며 사람들에게 마음챙김이 뭔지 물어보는데 아무도 그게 뭔지 모르는 장면으로 시작하더라고요.

앞으로 어떤 일을 할 계획이신가요?

랭어 마음챙김 연구소에서는 건강, 노화, 직장이라는 3가지 분야를 연구하고 있어요. 건강 분야에서는 마음과 몸의 개념을 어디까지 확장할 수 있는지 알아보려고 해요. 수년 전 객실 청소부(업무가 운동이 된다는 말을 듣고 체중이 감소한 사람)와 시력(아래쪽의 큰 글자에서 위쪽의 작은 글자로 올라가면서 읽을 수 있을 것이라는 기대를 품게 만든 시력 테스트로 더 나은 결과가 나온 경우)에 대한 연구를 수행한 적이 있어요. 이제 우리는 사람들이 통제할 수 없다고 생각하는 많은 질병에 대해 마음챙김 치료법을 시도하여 증상을 개선할 수 없는지 연구하고 있죠. 멕시코의 산미겔데아옌데를 시작으로 전 세계에서 사람들이 활기차게 살 수 있도록 돕기 위해 연구로 입증된 기술을 활용한 시계 거꾸로 돌리기 프로그램도 진행하고 있어요. 솔로와 산탄데르 같은 기업과, 케어와 버몬트의 에너지 액션 네트워크와 같은 비정부기구와 더불어 일과 삶의 통합, 마음챙김 리더십 및 전략 절차, 스트레스 감소, 혁신에 관한 콘퍼런스와 회담 역시 진행하고 있죠.

저는 항상 새로운 아이디어를 내는 바람에 학생들의 원성을 듣곤 하는데, 요즘에는 아이들을 위한 마음챙김 캠프를 구상하고 있어요. 그중 한 실험에서는 20명의 아이들을 모아 성별과 나이, 머리색과 옷 색등의 집단으로 계속 나눠보려 해요. 모든 사람이 다 독특하다는 사실을 깨닫게 하려고요. 지난 30년 동안 줄기차게 말했듯이 편견을 줄이기 위한 가장 좋은 방법은 차이를 드러내는 거랍니다. 게임을 하다가 중간에 팀을 섞어버리기는 실험도 생각 중이에요. 한 명씩 게임 규칙을 바꿀 기회를 주기도 하고요. 그러면서 아이들은 어떤 일을 잘 한다는 건 특정한 상황에서의 능력에 따라 달라진다는 사실을 배우겠죠. 저만 해도 테니스를 칠 때 서브를 3번씩 넣을 수 있다면 훨씬 더 테니스를 잘 치게 될 테니까요.

모든 리더들이 마음챙김에서 기억해야 할 핵심은 무엇일까요?

진부하게 들리겠지만, 제가 진심으로 믿는 말이 있어요. 인생은 오직 순간의 연속으로 이루어진다는 거예요. 오직 그뿐이에요. 그러니까 매순간을 중요하게 생각하면 모든 순간이 중요해지죠. 우리는 순간순간마다 마음을 챙길 수도 있고, 놓칠 수도 있어요. 일을 잘할 수도 있고, 그르칠 수도 있고요. 최악의 경우에는 마음을 놓치고 일도 그르치게 되겠죠. 그러니 무슨 일을 하든 마음챙김을 하고, 새로운 것을 알아차리고, 자신에게 의미 있는 일로 만들어보세요. 그러면 삶이 훨씬 더 풍요로워질 거예요.

엘렌 랭어는 하버드대학교의 심리학 교수이자 랭어마음챙김연구소의 설립자다. '마음챙김의 어머니'로 불리며 구겐하임 펠로우십과 기초과학 특별공로상, 세계 학술대회상, 뉴욕대학교 동문 업적상, 아서 스타츠 심리학 통합상 등을 수상했다. 대표 저서로 《마음챙김Mindfullness》(더퀘스트, 2022), 《늙는다는 착각Counterclockwise》(유노북스, 2020)이 있다.
앨리슨 비어드는 〈하버드 비즈니스 리뷰〉의 수석 편집자다.

◆ 하루 2시간의 연습이 전문가를 만든다. The Making of an Expert. 안데르스 에릭슨, 마이클 프리툴라, 에드워드 코클리. 〈하버드 비즈니스 리뷰〉 2007년 7~8월호.

◆ 부단한 자기경영으로 제2의 경력을 개발하라. Managing Oneself. 피터 드러커. 〈하버드 비즈니스 리뷰〉 1999년 1월호.

◆ 잠재력을 성장시키는 X 팩터를 찾아라. Are You a High Potential?. 더글러스 레디, 제이 콩거, 린다 힐. 〈하버드 비즈니스 리뷰〉 2006년 10월호.

◆ 긍정적 피드백이 최고의 강점을 끌어낸다. How to Play to Your Strength. 로라 모건 로버츠, 그레첸 스프리처, 제인 더튼, 로버트 퀸, 에밀리 히피, 브리애나 바커 카자. 〈하버드 비즈니스 리뷰〉 2005년 1월호.

◆ 중단, 위임, 아웃소싱을 통해 시간을 효율적으로 분배하라. Make Time for the Work That Matters. 줄리안 버킨쇼, 조던 코헨. 〈하버드 비즈니스 리뷰〉 2013년 9월호.

◆ 작심하면 해내는 사람들의 9가지 남다른 행동. Nine Things Successful People Do Differently. 하이디 그랜트. 〈하버드 비즈니스 리뷰〉 2011년 2월 25일 게재.

- 2분 습관이 생산성을 결정한다. The Right Way to Form New Habits. 제임스 클리어, 앨리슨 비어드. 〈HBR IdeaCast〉, episode 716. 2019년 12월 31일 게재.

- 크로스 트레이닝으로 강점을 극대화하라. Making Yourself Indispensable. 존 젱어, 조셉 포크먼, 스콧 에딩거. 〈하버드 비즈니스 리뷰〉 2011년 10월호.

- 작은 전진이 모여 큰 성공을 부른다. The Power of Small Wins. 테레사 애머빌, 스티븐 크레이머. 〈하버드 비즈니스 리뷰〉 2011년 5월호.

- 전문성의 함정에서 벗어나 새롭게 도전하라. Don't Be Blinded by Your Own Expertise. 시드니 핑켈스타인. 〈하버드 비즈니스 리뷰〉 2019년 3월호.

- 좋은 기분이 탁월한 성과를 만든다. Primal Leadership: The Hidden Driver of Great Performance. 대니얼 골먼, 리처드 보이애치스, 애니 맥키. 〈하버드 비즈니스 리뷰〉 2001년 12월호.

- 몰입을 부르는 마음챙김의 힘. Mindfulness in the Age of Complexity. 엘렌 랭어, 앨리슨 비어드. 〈하버드 비즈니스 리뷰〉 2014년 3월호.

옮긴이 **신예용**

숙명여자대학교에서 영문학을 전공하고 동대학원에서 문학을 공부했으며, 방송사에서 구성
작가로 일했다. 현재 번역에이전시 엔터스코리아에서 번역가로 활동하고 있다. 옮긴 책으로는
《데일 카네기 성공대화론》, 《겸손의 힘》, 《이기는 게임을 하라》, 《공짜 치즈는 쥐덫에만 있다》,
《더 적게 일하고 더 많이 누리기》, 《탤런트》, 《나우이스트》, 《잃어가는 것들에 대하여》 등 다수
가 있다.

성장의 모멘텀 시리즈 1
성과로 말하는 사람들

초판 1쇄 인쇄 2024년 5월 7일
초판 1쇄 발행 2024년 5월 13일

지은이 안데르스 에릭슨, 제임스 클리어 외 | 옮긴이 신예용
펴낸이 오세인 | 펴낸곳 세종서적(주)

주간 정소연 | 편집 김윤아
표지 디자인 석윤이 | 본문 디자인 김미령
마케팅 유인철 | 경영지원 홍성우
인쇄 탑프린팅 | 종이 화인페이퍼

출판등록   1992년 3월 4일 제4-172호
주소   서울시 광진구 천호대로132길 15, 세종 SMS 빌딩 3층
전화   (02)775-7011
팩스   (02)776-4013
홈페이지   www.sejongbooks.co.kr
네이버 포스트   post.naver.com/sejongbooks
페이스북   www.facebook.com/sejongbooks
원고모집   sejong.edit@gmail.com

ISBN 978-89-8407-349-4 04320
    978-89-8407-340-1 (세트)